Pourquoi eux et pas moi ?

Nathalie KOUBBI

Pourquoi eux et pas moi ?

Préface de Philippe Douste-Blazy

PRESSES DE LA RENAISSANCE

Ouvrage réalisé
sous la direction éditoriale de Thierry PAILLARD

Si vous souhaitez être tenu(e)
au courant de nos publications,
envoyez vos nom et adresse, en citant ce livre,
aux Éditions des Presses de la Renaissance,
12, avenue d'Italie, 75013 Paris.
Et, pour le Canada,
à INTERFORUM Canada Inc.,
1050, bd René-Lévesque Est,
Bureau 100,
H2L 2L6 Montréal, Québec.

Consultez notre site Internet :
www.presses-renaissance.fr

ISBN 2.85616.941.4

Ce livre est dédié à toutes les victimes. Les victimes de tueries bien sûr, mais aussi d'attentats et de viols.

Je ne veux pas oublier non plus toutes les victimes d'agressions quelles qu'elles soient.

Sans omettre parmi elles les jeunes, souvent les premières victimes de la violence urbaine et du racket, mais aussi les victimes de violences conjugales, trop souvent abandonnées et isolées.

Toutes sont autant de victimes susceptibles de développer le syndrome du choc post-traumatique.

Préface

Il est des ouvrages qui s'inscrivent immédiatement dans notre histoire contemporaine, dans celle de notre démocratie de proximité, dans les drames qui peuvent gravement mettre en cause les conditions même d'exercice de notre démocratie délibérative et municipale. Celui de Nathalie Koubbi s'impose, il est d'abord témoignage du geste fou d'un homme qui abat sans raison huit conseillers municipaux de Nanterre siégeant lors d'un conseil municipal. Un geste qui rappelle, de façon sinistre, celui du caporal Lortie faisant irruption dans l'Assemblée nationale du Québec avec l'intention de tuer le gouvernement le 8 mai 1984. Il y eut trois morts et huit blessés. La doctrine du meurtrier tenait en la formule : « Le gouvernement du Québec avait le visage de mon père. »

Témoignage pathétique de Nathalie Koubbi, conseillère municipale, vivant et revivant avec effroi, terreur et stupeur ces moments terribles où chacune et chacun de ses collègues pouvait être ou fut la victime suivante. Face à cette voie nihiliste de la destruction et du meurtre, face à ces drames que connurent aussi l'actuel maire de Paris, Bertrand Delanoë, les conseillers cantonaux du Parlement de Zug en Suisse ou encore Anna Lindh, ministre des Affaires étrangères en Suède, il importe que le témoignage existe ; il permet à nos concitoyens de mieux saisir les conditions dans lesquelles se sont produits l'insensé et l'impensable, de mieux comprendre que la pire horreur – celle du meurtre et de la mort – est toujours possible, que l'irruption du possible dans l'impossible existe quelles que soient la sécurité mise en place et les précautions prises.

Témoignage émouvant, saisissant, ce livre est aussi l'une des plus belles illustrations de ce que le philosophe Ernest Bloch appelait « le principe espérance ». Nathalie Koubbi, à force de courage, de volonté, de détermination sait ici rendre le plus beau des hommages à ses collègues morts alors qu'ils délibéraient, alors qu'ils vivaient la politique au sens étymologique du terme – le plus fort d'ailleurs – la gestion de la cité.

Cet hommage, c'est surtout son engagement dépassant ces moments d'après, si lourds, si poignants, qui dévorent les nuits, nourrissent les insomnies, augmentent les angoisses, multiplient les cauchemars. Nathalie Koubbi propose l'espoir pour demain. Comment ? En devenant porte-parole d'un réseau de victimologie, en s'investissant auprès des victimes, en les prenant en charge, en les aidant à reconstruire, après un choc aussi dramatique, une mémoire des événements aussi précise, un effroi toujours inscrit au fond des consciences comme dans l'inconscient, sonnerie brutale du réveil des âmes meurtries dans les profondeurs de la nuit avec le défilé insupportable des visages des amis à jamais disparus.

Nathalie fait ici œuvre déterminante. Elle montre que l'engagement associatif est l'une des plus remar-

quables réponses à l'improbable et à l'impossible. Elle contribue à faire comprendre à toutes et à tous que le chemin permettant de lutter contre les traumatismes d'après catastrophe est long, douloureux ; qu'il implique solidarité, écoute et dialogue. Elle donne aussi l'image forte d'une élue engagée en politique, déterminée à sans cesse privilégier la voie démocratique de la critique et de la délibération sur toutes les formes de dogmatismes ou de contestations violentes pouvant conduire, comme à Nanterre, à l'irréparable.

Leçon de courage, traduction concrète de l'engagement politique, témoignage de l'indicible, cet ouvrage s'impose comme une œuvre qui conforte la confiance que nous devons avoir dans la démocratie de proximité et dans notre société qui doit être de confiance.

Philippe DOUSTE-BLAZY

Prologue

Je ne sais pas pourquoi mais depuis que je suis toute petite, je fais toujours le même cauchemar : je me trouve dans ma chambre, profondément endormie. Tout d'un coup, je prends conscience de la présence d'un homme dans la maison. Je l'entends parfaitement. Il est à ma recherche, il veut me faire du mal. Il est là pour me tuer. Je n'ose plus respirer, j'écoute, je suis à l'affût du moindre de ses pas qui approchent, de sa respiration que je perçois. Il pousse la porte, entre dans la chambre. Je me terre sous les couvertures. Il se rapproche du lit. Je ne dois pas bouger, je ne dois plus respirer. Je dois surtout rester la plus silencieuse possible. J'espère qu'ainsi il ne me trouvera pas. Je me crois cachée, inconsciente que les formes de mon corps en fait révèlent. Et c'est toujours à ce moment-là que je me réveille. Je suis encore terrorisée. Il me faut parfois rester éveillée plusieurs heures pour parvenir à me raisonner et à me rassurer. Je me dis que c'était un rêve et que cela ne m'arrivera jamais.

Pourquoi ce cauchemar ? Savais-je inconsciemment que j'allais vivre un jour un événement d'une intense violence ? Étaient-ce des fantasmes d'enfant ou des peurs incontrôlées qui resurgissaient la nuit pour que je les évacue de mon esprit ? Ou plutôt était-ce un sinistre pressentiment ? Je ne sais pas, je ne l'ai jamais su et je ne le saurai sans doute jamais. Mais lorsqu'un homme s'est mis à nous tirer dessus au conseil municipal, ce cauchemar qui a accompagné mes nuits pendant plusieurs années m'a préparée en quelque sorte à ce que j'allais vivre. Je savais ce que c'était qu'être terrorisée, blottie, et surtout ne plus bouger, passer inaperçue, disparaître aux yeux du monde. J'étais presque prête à être confrontée à un événement de ce genre.

Élue conseillère municipale d'opposition aux élections de mars 2001, j'étais présente dans la salle du conseil municipal de Nanterre le soir funeste où Richard Durn a tenté de tous nous tuer pour « régler ses comptes avec la société ».

Je suis une élue de Nanterre. Six mots si banals et pourtant devenus si pesants et chargés de sens avec leur cohorte de souvenirs et les images effroyables qui m'assaillent lorsque je revis le drame du 27 mars 2002.

Dans la nuit du 26 au 27 mars 2002, je tournais le dos à Richard Durn dans la salle du conseil municipal. Richard Durn, l'auteur de ce que la presse a appelé « la tuerie de Nanterre ».

Ce cauchemar, avec lequel je vis quotidiennement depuis cette date, n'a duré que cinquante-cinq secondes. À peine une minute ! Et pourtant ces cinquante-cinq secondes ont suffi à bouleverser ma vie ! Ces cinquante-cinq secondes ont fait de moi, et certainement de ceux qui étaient présents, une autre personne. Je ne serai plus jamais la même femme.

Nous étions soixante dans la salle ce soir-là, au moment de la tuerie. Huit d'entre nous sont morts, dix-neuf ont été blessés, dont plusieurs grièvement. Parmi les huit disparus, deux étaient des amis proches.

Et même si le grand public a oublié, taraudé par l'actualité, pour moi, c'était hier. Je suis restée figée sur cette date, sur cette tragédie. L'horloge s'est arrêtée. Mon espace-temps est réduit à ces cinquante-cinq secondes. Désormais, je vis avec mes fantômes, mes angoisses et les terreurs qui m'accompagnent au bout de mes rêves. J'ai changé.

Les balles de Richard Durn, bien qu'elles ne m'aient ni atteinte, ni troué la peau, ont pourtant bouleversé ma vie comme si leur souffle m'avait fait vieillir prématurément.

J'avais trente-sept ans. Pour moi, ces cinquante-cinq secondes dureront l'éternité.

Depuis, chaque nouvel attentat, chaque nouvel acte de violence dans le monde, me renvoie à ma propre douleur : Bali, l'Irak, Moscou, Israël et ses attentats quasi journaliers, ce lycéen allemand d'Erfurt qui sème la terreur dans son école en abattant élèves et enseignants, ou encore en Corée, cet homme suicidaire qui met le feu à une rame de métro, faisant plus d'une centaine de morts. Tous ces événements me rappellent que la souffrance des victimes est devenue la mienne. Eux et moi sommes liés par un invisible fil du destin. Ce destin de tragédies est celui du survivant. Nous sommes tous liés désormais. Les anciennes, les nouvelles, les futures victimes sont toutes et seront toutes à jamais unies par les mêmes angoisses, les mêmes remords, la même culpabilité, mais aussi la même soif de vivre qui rejaillit ensuite, cette dernière pour si peu d'entre nous, malheureusement.

De ma souffrance pourtant, je pense ne rien laisser deviner, entêtée à donner de moi-même l'image d'une femme courageuse. Je dois faire comme si tout allait bien, comme si rien de tout cela ne m'était jamais arrivé ou que cela n'avait pas laissé de traces indélébiles. Derrière mes sourires et cette vie qui continue, je ne dois laisser personne imaginer la tristesse qui m'habite et la solitude qui m'accompagne.

Il me faut assumer seule le drame.

Mon mari, mes enfants, mes parents, mes amis. Tous ont besoin d'être rassurés. Après tout, peut-être ont-ils eu rétrospectivement encore plus peur que moi ?

Ne rien laisser paraître, non plus, chaque jour lorsque je continue à mener ma vie d'élue, de conseillère municipale, de présidente du groupe UMP de Nanterre, de présidente d'associations, de candidate suppléante aux élections législatives. Je dois donner le change, l'image d'une femme publique inébranlable, forte et presque sans états d'âme, à l'instar de Jacqueline Fraysse, maire communiste de Nanterre, dont je ne partage pas les idées et que je combats politiquement au quotidien, mais qui au lendemain du drame nous a donné à tous une vraie leçon de courage et de maîtrise de soi.

Il est vrai que lorsque je prononce désormais ces simples mots « je suis une élue de Nanterre », je sens une gêne. Mon interlocuteur a saisi un peu la signification de mes paroles et leurs implications tragiques. Il devient plus attentif, plus réceptif, plus indulgent, et, parfois même, gêné, de peur de me déranger ou de me faire de la peine. Souvent, il ne peut s'empêcher de poser cette question qui lui brûle les lèvres, pour s'assurer qu'il a bien compris : « Mais vous-même, vous y étiez ? »

Lorsque vient la réponse tant attendue, son regard posé sur moi n'est plus le même. J'ai vu quelque chose de terrible, quelque chose qu'on ne peut souhaiter à personne. J'ai vu l'indicible. Je suis sortie de la norme, je ne suis presque plus humaine.

Mon interlocuteur balance alors entre le désir d'en savoir plus et celui de me laisser tranquille. Mais la curiosité l'emporte toujours. Si je puis comprendre sa curiosité légitime, je n'en suis pas moins lasse de répéter toujours cette même histoire dans les dîners en ville. Souvent, après s'être excusé, le « curieux » continue naturellement à me poser des questions sur ce qui nous est arrivé. Il me demande si cela me gêne d'en parler. Je réponds par la négative, mais c'est faux. Ses questions s'assimilent à un viol répété sur ma personne, sur mon esprit. Elles me bouleversent, même si je ne le laisse pas paraître et si, moitié bravade, moitié provocation, je lui assure que cela ne me gêne absolument pas d'en parler. Je vis cela comme une intrusion car je ne m'attends pas forcément que l'on me parle de ce drame à tout bout de champ. J'essaie délibérément, mais surtout l'air de rien, d'orienter la conversation sur quelque chose de moins gênant, de moins personnel. Et même s'il y avait de la compassion dans son attitude et ses interrogations, je reste après, seule avec mes fantômes, seule avec moi-même et ces images brusques qui viennent et reviennent à tout moment me traverser l'esprit.

Je reste coupée du monde avec tous ces spectres autour de moi qui me hantent. Je lutte avec eux pour les remettre sans cesse en place. Tous les soirs, avant de m'endormir, je revis la scène où Richard Durn nous tire dessus. Tous les soirs, avant de m'endormir, je ne sais pourquoi, j'ai besoin de remettre chacun à sa place : moi sous mon bureau, Michel allongé à côté de moi, les morts bien dans l'ordre, chacun à l'endroit que Durn leur a assigné... pour l'éternité.

Est-ce aussi parce que je n'ai pas encore admis leur mort et qu'inconsciemment je n'ai pas encore fait mon deuil ? Est-ce pour me rassurer que j'ai besoin de revivre ces scènes et de remettre chacun à sa place ? Est-ce pour ne pas les individualiser et ne plus leur donner de nom ? Est-ce pour essayer de comprendre pourquoi moi je ne suis pas morte comme eux ?

Pourquoi eux et pas moi ?

Toutes ces questions... mais aucune réponse.

Ces flashs de l'attentat, je ne sais jamais quand ils vont survenir. Mais ils viennent et reviennent. Pas une journée sans images.

Je suis à mon bureau, recevant un rendez-vous, quand soudain, sans raison apparente, je vois mon interlocuteur assis en face de moi s'effondrer, la tête emportée par une balle. Ou alors, c'est lui qui se saisit d'un pistolet et me tue. Je ne me sens plus à l'abri nulle part. Même à la télévision, quand je regarde une émission, j'ai le sentiment que quelqu'un va surgir sur le plateau et tirer sur tout le monde. J'ai alors des lumières dans la tête comme si elle était transpercée de part et d'autre par les balles, et puis plus rien… J'ai le sentiment de connaître la mort, de savoir comment elle est et ce que cela fait de mourir.

Pourquoi avoir été si choquée alors que tant de personnes, témoins d'une mort en direct, m'affirment qu'elles n'en ont pas été autant traumatisées ? Mais souvent ceux qui me racontent leur expérience étaient alors enfants ou adolescents, ils n'ont été que les témoins d'une mort en direct, ils n'ont pas été eux-mêmes directement visés. Ce n'était pas une loterie comme dans notre cas. Et puis c'était souvent en période de guerre ou de révolution civile alors que moi, je me trouvais dans un endroit où l'on se croit légitimement à l'abri. Serait-ce que lorsque les balles frappent au hasard, on en saisit davantage l'injustice et on se sent plus vulnérable ? Ou bien est-ce parce que, adulte, on est plus conscient des événements sans fioritures ?

Oui, depuis le 27 mars 2002, je souffre d'insécurité chronique. Cette angoisse permanente est devenue une seconde nature et elle ne me quitte plus. Je cohabite avec elle, comme si elle et moi étions devenues un vieux couple. Sans cesse, nous luttons, nous nous querellons, nous nous évaluons ne sachant pas encore laquelle de nous deux l'emportera. Pourtant, je résiste, je me débats, je ne lui laisse pas prise, mais cette angoisse de l'attentat est toujours présente. Quand elle s'absente, c'est pour revenir encore plus sournoisement peu après. Elle m'habite. Elle me hante. Elle m'étreint. Elle me prend à la gorge et tente d'avoir le dessus.

Physiquement, elle se loge dans mon corps. La moindre évocation de la tuerie de Nanterre la réveille. Dès que je me rapproche physiquement de la mairie, je ne peux m'empêcher de penser à ce qui s'y est passé. Je tremble, je revis la scène. Certaines rues, certains lieux, me rappellent mes amis et collègues et le drame que nous avons vécu. Le plus souvent, ce sont même des détails en apparence insignifiants qui me renvoient à mes souvenirs. Ainsi, les panneaux d'affichage libre de Nanterre, recouverts dès le lendemain du drame des photos des huit disparus et aujourd'hui vides de souvenirs pour les autres, restent à tout jamais dans ma mémoire porteurs de portraits qui me happent. Ma mémoire et mon imagination se heurtent indéfiniment à ces panneaux comme à autant de murs d'une prison.

Cette angoisse – même si j'ai le sentiment qu'elle m'habite de moins en moins grâce à l'aide de tous ceux qui m'ont beaucoup entourée depuis l'attentat –, j'ignore encore si je m'en séparerai totalement un jour. Alors, pour le moment, je me bats quotidiennement pour l'apprivoiser. Et, pour l'apprivoiser et finalement vivre avec, il me faut d'abord la comprendre, l'analyser. Comprendre l'angoisse pour la maîtriser, l'éduquer et s'en faire une alliée ou passer une « espèce de pacte de non-agression » avec elle. L'analyser pour la canaliser et interférer dans son processus maudit et destructeur. Essayer de comprendre aussi pourquoi et comment cela nous est arrivé, à nous. Pourquoi cette horreur ? Pourquoi cet homme nous a-t-il fait cela ?

Toutes ces questions sans réponses m'obsèdent. Mon inconscient me bombarde d'images comme un projecteur dans une salle de cinéma. Inconsciemment, je ne cesse de me faire du mal, de me fustiger, de me mortifier. Ce film, comme une cassette rembobinée qui me permet de visionner et revisionner toujours le même film, me ramène éternellement en arrière.

Avancerai-je un jour ? Serai-je capable de tourner la page de cette tragédie ? Ou vais-je finir ma vie avec, pour compagne, cette tuerie et en faire une obsession qui ne me quittera plus ? Pourrai-je mettre un point final à ce drame, continuer et reprendre mon existence là où je l'ai laissée ce 27 mars 2002 à 1 h 10 du matin ?

Ces souvenirs obsédants, cette incapacité à faire autre chose que d'évoquer cette soirée m'empêchent de vivre normalement. Je veux me retrouver. Ce soir-là, j'ai perdu mon innocence, mon insouciance. J'aimerais redevenir la jeune femme que j'étais avant le drame, sûre d'elle, en totale harmonie avec elle-même et parfaitement épanouie.

À l'approche de la quarantaine, en pleine maturité, tout a basculé et je suis redevenue une gamine d'une dizaine d'années vivant son cauchemar. Quand Richard Durn a tiré sur nous, j'avais trente-sept ans. On dit que c'est une des meilleures périodes de la vie d'une femme car c'est le moment où nous savons vraiment qui nous sommes et ce que nous voulons vraiment. Notre féminité est au zénith. Nous sommes enfin débarrassées des complexes de l'enfance et de l'adolescence. Être trop grosse ou trop mince, être « trop ci » ou « trop cela » ne sont plus des priorités pour nous affirmer. Le regard des hommes nous amuse plus qu'il nous gratifie. Nous sommes maîtresses de la situation. Tout cela nous importe moins. Nous avons compris notre rôle : celui de femme, de mère, d'épouse, d'amante ou de femme active. Nous dominons ces rôles et nous savons en jouer. Nous savons nous servir de nos armes de séductrice.

J'avais pour ma part la chance d'occuper une position politique stratégique à Nanterre. Mon rôle d'élue était passionnant et je ne m'en lassais pas. En tant que présidente d'associations, mon caractère s'était affirmé. Mère et épouse, j'avais pu m'enrichir d'une nouvelle mission. Plus grande, plus large, moins personnelle, moins individuelle.

Cet investissement m'impliquait localement et donnait un sens à ma vie. J'étais heureuse d'être utile aux autres et de défendre mes idées politiques. Rendre service me remplissait de joie. Être connue et reconnue me galvanisait. J'étais fière de mon action, des combats que je menais. À présent, être sortie de l'anonymat me gêne. Voir mon image utilisée sur des affiches ou des journaux m'angoisse. Tout a basculé. Les lieux que j'aimais sont chargés de danger. Si sûre de moi hier, je doute de tout aujourd'hui. Inquiète de mon apparence physique, ce sont les complexes de l'adolescente de mes quatorze ans qui resurgissent avec leur cortège de vilains boutons d'acné ou de cellulite mal placée qui vous empoisonnent l'existence. J'ai besoin d'être rassurée sur mon image, d'être aimée et entourée. Mes nuits si calmes, si tranquilles sont ponctuées, hachées, minutées par des cauchemars tous aussi horribles les uns que les autres. Je hurle, j'appelle, je crie les noms des disparus, réveillant mes proches inquiets de me voir confrontée éternellement aux mêmes fantômes. Je m'accroche à mon mari et lui demande de me tenir pour exorciser ma peur. J'ai besoin de sentir ses mains sur moi pour être rassurée et ne plus me sentir morte dans ma chair comme dans mon esprit. Chaque nuit ou presque je suis réveillée en sursaut, asphyxiée par l'angoisse, pressentant une présence maléfique auprès de moi.

Moi qui adorais côtoyer les gens, maintenant ils me font peur, ils me terrorisent. Je ne supporte plus la moindre dispute, la moindre élévation de voix. Tout le monde doit me parler avec douceur, sinon je fonds en larmes ! Me mêler à la foule, échanger des propos anodins est si difficile. Je me sens observée, épiée.

Dans la foule, je suis gênée, différente, presque une étrangère. Vouloir être comme avant est devenu impossible. La foule m'inquiète, elle est potentiellement menaçante. Je la sens capable de destruction ou d'acte irréparable. Elle me terrorise. C'est une agression latente, à laquelle je dois m'adapter à chaque pas.

Des actes simples comme aller acheter le pain au bout de la rue sont devenus impossibles, au-dessus de mes forces. Personne ne devine rien. Je mets mon masque, personne ne s'aperçoit de rien. Je ne peux plus être seule dans la rue, mais personne ne doit s'en rendre compte. L'unique chose qui me rassure, c'est que je ne suis pas seule à souffrir de tous ces symptômes... je ne suis donc pas en train de devenir folle à mon tour !

Je reste une élue et cela signifie aussi donner le change. Tout politique qui endosse une fonction d'élu devient en quelque sorte un acteur. De mon côté, je suis devenue une parfaite actrice pour cacher mes peurs, mes angoisses ! Une « fortiche » de la dissimulation, l'as des as. Car quoi de plus contre-productif en politique que d'être en position de fragilité ? Mes opposants de gauche comme de droite s'en empareraient aussitôt. Il me faut donc jouer un rôle, aller bien quand tout s'est écroulé. Du coup, j'ai érigé un mur entre les autres et moi pour ne rien laisser paraître. Mais en fait, je suis tellement isolée, emmurée dans ma solitude. Les apparences restent trompeuses et beaucoup s'y laissent prendre. Aller à la mairie, lieu banal pour une élue ; siéger au conseil municipal : là où j'aurais pu ou dû mourir ; tout cela est devenu une succession d'épreuves et de calvaires, source d'angoisse.

Richard Durn a-t-il imaginé que ses balles ne s'arrêteraient pas aux portes du conseil municipal mais nous poursuivraient toute notre vie au plus profond de nous-mêmes ? Arriverons-nous un jour à surmonter ce drame ? Nul n'a souhaité cette intrusion dans sa vie. Cet homme nous a forcés à vivre avec un drame comme « compagnon de tous les jours ».

Mes expériences de victime et de femme politique, étroitement liées, m'ont permis de me mettre au service entre autres de toutes ces victimes anonymes. J'ai complété mon action en prenant des fonctions au sein de Victimo, un réseau où je suis chargée d'apporter aux victimes une aide financière en servant d'intermédiaire auprès des collectivités locales et territoriales. Je tente par mon action politique de développer ce réseau et de communiquer sur la place de la victime dans la société. Je me suis également mise au service des victimes du sida en tant que secrétaire nationale des Élus locaux contre le sida, présidé par Jean-Luc Romero, dont le courage et la pugnacité dans son combat contre la maladie sont exemplaires.

Pendant longtemps, je me suis sentie profondément honteuse et seule à ressentir des symptômes négatifs comme ceux que les victimes de tuerie, d'attentat ou de viol ressentent. Afin que nul ne se sente plus isolé après avoir été confronté à de tels actes, j'ai voulu apporter mon témoignage et livrer le plus profond de moi-même. Je sais que des personnes me jugeront. Il est inconvenant pour une femme publique d'apporter un témoignage aussi intime, de se montrer en quelque sorte nue devant le lecteur, mais peu importe. Pour moi, l'essentiel, c'est que plus aucune victime ne se sente désormais seule dans sa douleur. Pourquoi devrait-on ajouter au poids du malheur le poids de la solitude pour ceux qui ont été meurtris, attaqués, violés, blessés par leur semblable ? N'est-ce pas encore plus injuste pour une victime d'ajouter à tous ses traumatismes la solitude et aussi l'incompréhension de son entourage, voire un jugement négatif sur elle ? Pour toutes ces raisons et au moyen de l'écriture, je souhaite apporter de l'aide à toutes ces personnes passées, présentes ou futures, qui n'auront plus à éprouver de la honte parce qu'elles sauront qu'elles ne sont pas seules. Elles sauront qu'il est normal de se sentir mal, très mal. Ce n'est pas à nous d'avoir honte. Ce partage d'émotions ne peut être complètement compris que par une victime à part entière car tout jugement négatif a été gommé du fait d'un vécu analogue. Il ne nous viendrait pas à l'idée de juger ou de nous moquer des symptômes qu'une autre victime va développer. Car nous la comprenons, nous vivons malheureusement les mêmes émotions. Ce qui n'est pas le cas de ceux qui n'ont pas eu à subir ce genre de traumatismes. Malgré tout, peut-être que leur regard changera quand ils liront ce livre, et qu'ils saisiront, un tant soit peu, le temps de la lecture du moins, ce que nous, victimes, vivons et ressentons dans le quotidien de nos jours et de nos nuits.

« Mais comment arrêter cette comédie humaine ? »

Habités inconsciemment d'un pressentiment, beaucoup de conseillers municipaux sont peu enclins à assister au conseil municipal du 26 mars 2002 au soir. Certains n'ont pas vraiment envie d'y aller. C'est comme un malaise indéfinissable qui nous fait redouter d'assister à ce conseil-là.

Nous avons déjà eu une réunion municipale un mois auparavant sur les orientations budgétaires. C'est maintenant le vote du budget, le plus important, mais, soyons honnête, rien de passionnant. La majorité municipale communiste votera et nous imposera, quoi que nous fassions dans les autres partis, une politique que nous n'approuvons pas. De plus, le climat politique est tendu. Nous sommes à la veille d'une grosse période électorale pour le pays : les présidentielles sont dans un mois et les législatives sont prévues peu après. Autant dire que tous les élus sont en plein boum électoral.

Dans les jours qui viennent de s'écouler, les réunions se sont enchaînées soir après soir et nous sommes tous exténués. Pour ma part, j'ai eu du mal à préparer ce conseil. Pas beaucoup d'inspiration. Je me suis quand même rendue aux différentes commissions où j'ai croisé Louiza Benakli (PC), Pascal Sternberg (Vert), Michel Raoult (DVD), et Christian Bouthier (PC), quatre élus parmi les huit futures victimes de ce soir funeste. Aucune d'entre elles ne semblait particulièrement préoccupé par le conseil. Michel faisait des projets : notre association doit organiser un dîner sur la sécurité à l'occasion de la sortie du livre de Florent Montillot, *Violence, Démocratie en danger*, le lendemain du conseil. Nous avons cent vingt invités, et c'est un événement d'organiser un dîner aussi important pour l'opposition dans Nanterre la Rouge ! Cela nous préoccupe beaucoup.

Personne ne soupçonne l'incroyable soirée qui va marquer nos vies à jamais. Personne ne soupçonne que certains d'entre nous vivent leur dernière journée de travail et leurs dernières heures de vie sur terre. Pour ces huit victimes, je n'espère qu'une chose, c'est qu'elles ont été heureuses lors de cette dernière journée. Nous ne nous doutons évidemment pas de ce qui nous attend, mais j'ai pourtant un étrange pressentiment, et je ne suis pas la seule : Jacques Le Texier, conseiller municipal, ne viendra pas. Pascal Sternberg, qui a beaucoup préparé ce conseil, a, à la dernière minute, des réticences. Plus qu'à l'accoutumée, d'autres élus de différents groupes politiques seront absents ou s'en iront peu avant l'heure du drame. Peut-être ont-ils eu un mauvais pressentiment ?

Rien de passionnant sur mon planning ce jour-là : rendez-vous chez le médecin, déjeuner avec un ami, puis, mes discours prêts, détente et repos afin de tenir pour une longue, très longue nuit. Elle ne se terminera jamais !

Vers 18 heures, Pascal Sternberg, conseiller municipal d'opposition, me téléphone. Il me raconte sa journée avec des amis. Il est fatigué car il a abusé d'un repas bien arrosé. Il me demande quelles sont mes intentions de vote sur le budget. On discute un peu politique. Les Verts, son parti, voteront contre, mon groupe, Divers droite, doit s'abstenir. Je suis plutôt encline à voter contre. J'ai une attitude résolue par rapport à la politique de la majorité municipale communiste et, à partir du moment où je désapprouve la manière dont la ville est gérée, je ne me vois pas m'abstenir et cautionner ainsi par mon silence sa façon d'agir. J'explique à Pascal que moi aussi je préfère voter contre car la politique municipale ne me convient pas. Mais chacun dans notre groupe votera en son âme et conscience. C'est notre façon de voir les choses.

Décidément, Pascal n'a pas plus envie que moi d'aller au conseil ce soir-là et nous évoquons même en riant l'idée de faire une « mini-fugue », une « teuf » comme le disait Pascal, un dîner ensemble plutôt que d'aller là-bas. Je m'en voudrai toute ma vie de ne pas avoir appuyé cette idée qui n'était qu'une plaisanterie au départ. Un banal pari sur une pizza qu'on ne partagera jamais.

J'ai un peu peur de ce conseil car je me suis récemment opposée avec virulence à certains membres de mon groupe et je crains leurs réactions d'hostilité. Une forte rivalité, nourrie par des enjeux électoraux, s'est établie entre le président de mon groupe et moi. Nous ne sommes pratiquement jamais d'accord sur la conduite à tenir face à la majorité municipale. Nous faisons très mauvais ménage et Pascal est parfaitement au courant de ces rivalités connues d'ailleurs de tous. À plusieurs reprises, il m'a réconfortée devant la méchanceté et la médisance de certaines personnes.

Plus sérieusement, je lui dis que j'arriverai un peu plus tard, vers 19 h 30, pour ne pas avoir à trop discuter avec les uns et les autres. Nous sommes convoqués à 19 heures, mais le conseil débute en fait une demi-heure après, lorsque le maire entre dans la salle et que nos travaux peuvent réellement commencer.

Pascal est ennuyé car l'ordinateur qu'il s'est acheté à Noël est en panne. Il a dû se servir de celui de son amie et imprimer ses interventions à l'encre rouge – mauvais présage. Il craint d'avoir du mal à lire son texte.

Lorsque je vais au conseil et tout naturellement quand je suis en représentation, je prends soin de mon aspect vestimentaire par respect de moi-même mais surtout de ceux que je représente au conseil municipal. Je dois être toujours irréprochable, bien habillée. J'avale une collation rapide en compagnie de ma fille, Eugénie, onze ans, qui m'explique ses problèmes de classe et à qui je tente de justifier une nouvelle fois mon absence de ce soir. J'essaie d'être proche de mes enfants lorsque je suis présente et d'être attentive. Je suis obligée de privilégier la qualité plutôt que la quantité. Ma fille et mes deux fils, Romain et Eymeric, âgés respectivement de dix-sept et treize ans, ont du mal à accepter ma vie publique. Comme tous les enfants, ils veulent leur maman rien que pour eux, et ils n'aiment pas la publicité intempestive qui peut être faite autour de nos noms lorsque l'on est élu local.

Finalement, je pars en retard. Il est 19 h 15. Sur le chemin, je tombe par hasard sur Pascal et lui propose de l'accompagner en voiture. Nous n'habitons pas très loin de l'Hôtel de Ville et sommes quasiment voisins.

Il me demande de m'arrêter pour déposer des bouteilles d'eau dans un conteneur et je me moque gentiment de son côté écolo qui ressort jusqu'au moment de se rendre au conseil municipal. Même si moi-même je respecte le tri sélectif, nous échangeons quelques plaisanteries sur le sujet. Nous nous promettons de faire des breaks au cours de ce conseil qui sera très long, pour souffler. Dans la voiture, nous écoutons un peu de musique. Ce sera son dernier morceau. Une chanson de Kate Bush. Je nous entends encore chanter pour nous donner de la motivation avant d'affronter ce long conseil, celui consacré au vote du budget, celui-ci étant toujours le plus long de l'année.

Nous arrivons à la mairie. Pascal veut monter en ascenseur, je préfère l'escalier. Après un bref échange, nous gagnons à pied le deuxième étage. Il grimpe les marches à toute vitesse et j'ai du mal à le suivre avec mes hauts talons, ma jupe et ce porte-jarretelles dont je n'ai toujours pas compris pourquoi je l'ai mis ce soir-là. La tenue idéale pour courir sous les balles.

Parvenus à destination, nous ne nous connaissons plus. C'est plus politiquement correct !

Je retrouve les personnes de mon groupe : Monique, Marie-Josée, Michel et Pierre. Ils discutent des points sur lesquels nous allons voter. Je ne reste pas avec eux sachant que Michel me fera le compte rendu de ce qui s'est dit au cours de la soirée puisqu'il est mon voisin au conseil. De plus, je me suis déjà fait une idée sur la question et je compte d'abord sur mon jugement politique personnel et celui de mes proches. Je fais mes civilités habituelles, négligeant les personnes jalouses et critiques à mon égard au profit des personnes souriantes et chaleureuses. Le vice-président de notre association, Jacques Le Texier, n'est pas là et n'assistera pas au conseil. Cela me contrarie car j'aime être entourée de Michel Raoult et de Jacques Le Texier, deux membres de l'association Nanterre Maintenant dont j'ai la fierté d'être la présidente. Cette association loi

1901 a pour but de mettre en œuvre tout moyen au service d'une nouvelle gestion libérale, démocratique et tolérante à Nanterre, en clair : faire basculer la municipalité à droite.

19 h 30 : chacun prend sa place à l'endroit qui lui est attribué habituellement. J'aime mon bureau, j'aime cette salle, à l'exception de la décoration désuète qui, à mon avis, a besoin d'être rafraîchie... Les murs sont recouverts d'un papier peint orange à motifs géométriques datant des années 1970, rappelant le décor de certains films très psychédéliques, *Orange mécanique* de Stanley Kubrick, notamment.

Une moitié de la salle comprend les bureaux du maire, des maires adjoints et des conseillers municipaux, l'autre est destinée au public. Les bureaux sont disposés sur trois rangées. La première, tout en longueur et la plus éloignée du public, fait face à la salle. Elle est réservée au maire, Jacqueline Fraysse, et à ses quinze adjoints. Les deux autres rangées, placées en arc de cercle, font face à la rangée du maire, et sont donc du même coup dos au public. La première de ces deux rangées comprend treize élus conseillers municipaux, socialistes sur la gauche, communistes sur la droite. La seconde, la plus proche du public, comprend vingt-quatre élus. Sur la gauche se trouve le groupe des dix élus d'opposition de droite dont je fais partie, au centre, quatre conseillers Verts d'opposition dont Pascal, sur sa droite, deux élus Pôle républicain (proche de Jean-Pierre Chevènement), et sur leur droite, huit élus communistes faisant donc partie de la majorité municipale. Le public, quant à lui, est assis dans des fauteuils tulipes individuels placés en arc de cercle, comme dans un amphithéâtre, sur plusieurs rangs derrière le dos des élus.

Ce soir-là, nous avons la chance d'expérimenter pour la deuxième fois un nouveau système très moderne de vote qui correspond exactement à l'endroit où nous sommes placés. Ayant la procuration de Jacques Le Texier, je navigue d'une place à l'autre. Jacqueline Fraysse s'en irrite et je la rassure ironiquement sur ma capacité à gérer ces deux appareils simultanément et avec dextérité car je suis une passionnée d'informatique et la technologie ne me fait pas peur. Finalement, j'occuperai exceptionnellement la place de Jacques plutôt que celle qui m'est octroyée habituellement. Je suis donc à la gauche immédiate de Michel. L'absence de mon collègue lui a probablement sauvé la vie car il est très grand et j'imagine qu'il lui aurait été difficile de se dissimuler. Son absence m'a peut-être permis d'être épargnée aussi car c'est sous son bureau que j'ai finalement atterri.

Nous le savions : le conseil est interminable. Les échanges sont vifs. Michel Raoult et Pascal Sternberg, très en verve, titillent le maire à ma plus grande satisfaction. Les communistes sont plus agités et apprécient moins la manœuvre et la plaisanterie. Dans toutes ces assemblées, le mot d'ordre officieux consiste à manifester son mécontentement de la manière la plus bruyante qui soit. On remarque souvent cet état de fait pendant les débats à l'Assemblée nationale, retransmis à la télévision le mercredi, lors des échanges verbaux de nos députés. Là c'est sensiblement pareil mais à une échelle plus modeste.

Michel est joyeux, optimiste. Alors que le conseil se déroule, nous parlons politique, dîner-débat, présidentielles et législatives. Il a toujours son sourire chaleureux et paraît si content de vivre. C'est une des meilleures images que j'aie de lui. Il a l'air tellement confiant et heureux ce soir-là. J'échange différents propos avec les élus. Samuel et moi évoquons les grandes vacances. J'essaie de remonter le moral d'Annie qui a appris le jour même que son mari avait une maladie très grave, mais compte tenu du contexte c'est difficile. Il décédera de sa maladie peu de temps après l'attentat. Mais le seul sujet qui occupe vraiment notre esprit, ce sont les élections législatives et la bataille rangée que nous menons à l'époque, le président de l'UDF et moi-même.

Pascal semble soucieux. Mais ce qui m'a frappée par la suite, c'est que son attitude a changé dès lors qu'il a vu Richard Durn. D'insouciant et gai, il est soudain devenu sérieux, préoccupé. D'habitude, nous échangeons des petits billets pour nous distraire. Ce soir-là, il ne répond pas à celui que je lui envoie. Je me souviens encore de ce que je lui ai écrit : « Vous avez vu, le maire se fait appeler

Madame le Député-Maire ce soir ! Elle pense déjà aux législatives ! »

J'avais remarqué Richard Durn, je crois, pour la première fois aux côtés du meilleur ami de Pascal, presque son frère, Sylvain, lorsque j'avais dit bonjour à l'ensemble des élus du groupe des Verts avant l'ouverture de la séance et qu'ils m'avaient demandé mes intentions de vote sur le budget. Il attendra patiemment pendant six heures que notre conseil s'achève pour se lever et faire feu.

Une quinzaine de personnes assistent à nos débats. Richard Durn et Sylvain se sont assis juste derrière Pascal Sternberg et les Verts sur les fauteuils de la première rangée. Ils discutent et rien ne laisse présager le comportement destructeur de Richard Durn.

Une nouvelle fois dans la soirée, je le remarque lorsque je me retourne pour parler à Rachida, membre de l'équipe Nanterre Maintenant, et qui se trouve elle aussi dans le public. Je lui remets quelques papiers afin qu'elle puisse suivre les débats et mes interventions ainsi que les chèques de réservation du dîner-débat du lendemain. À ce moment-là, Richard Durn s'est déplacé et il est juste derrière son siège. À ses pieds, un sac de sport fermé. Il est rempli de plusieurs objets qui le déforment : peut-être les armes dont il se servira plus tard ? Mais nous serons les seules, avec la mère de Richard Durn, à évoquer ce sac, elle dans le dossier d'instruction et moi dans ma mémoire.

« Mais comment arrêter cette comédie humaine ? »

Nous échangeons un regard, lui et moi. Sans vraiment faire attention à ce jeune homme, je lui souris. Une pensée me traverse l'esprit : serait-il un de nos sympathisants ?

Un peu plus tard dans la soirée, les débats étant déjà avancés, je sors fumer une cigarette. J'aperçois Pascal près de Sylvain. Richard Durn est avec eux. J'ai envie d'aller leur parler, ce que j'aurais fait normalement si Richard Durn n'avait pas été là. Ils échangent des propos peut-être plus vifs. J'hésite mais je ne vais pas à leur rencontre de peur de gêner Pascal, pensant que le jeune homme en question est peut-être un des leurs. Il est grand, bien bâti, brun aux yeux marron. Beau garçon dans l'ensemble. Il porte une sorte de veste treillis militaire kaki, sur un pull noir à col roulé et un pantalon de velours noir. Il a aussi une paire de chaussures de randonnée avec de grosses semelles. Mais ce qui est le plus frappant chez cet homme, c'est son regard. Un regard qui ne s'oublie pas. Des yeux qui vous fixent sans donner l'impression de vous regarder réellement. Je n'arrive pas à savoir si c'est du mépris, de la haine ou de l'indifférence. Il y a quelque chose d'intrigant dans ce regard. Si profond et perçant. Ce regard me met mal à l'aise.

De retour dans la salle du conseil, les débats continuent et je suis contrariée de ne pas avoir pu bavarder avec Pascal qui semble toujours aussi préoccupé. Je ne pourrai jamais plus avoir une conversation avec lui, mais cela je ne le sais pas encore.

Monique, conseillère municipale de notre groupe, reste dans son coin et semble plongée dans des pensées plus moroses.

Mis à part les échanges de petits cœurs et de bretzels, ces fameux biscuits apéritifs salés célèbres pour avoir failli étouffer George W. Bush, j'aurai peu de contacts avec l'ensemble des élus de droite sauf bien sûr Michel avec lequel je suis très liée.

Il est tard et la fatigue se lit maintenant sur les visages. Toujours les mêmes qui s'écoutent parler et nous sommes las de devoir les subir. Dans toute assemblée, des personnes prennent la parole et ne savent pas faire court. Personne ne retient rien, lassé du blabla de ces orateurs qui ne parlent plus que pour ne rien dire et se délecter du ronron de leurs voix monocordes.

Je sais que tout a déjà été bouclé en bureau municipal par la majorité communiste. Cette réunion est une parodie de concertation. Le bureau se réunit toutes les semaines pour définir la politique de la ville. Les élus d'opposition n'y sont évidemment pas conviés. C'est là que sont prises toutes les grandes décisions. Le conseil municipal ne fait qu'entériner par son vote la politique appliquée par la majorité municipale communiste.

Écœurée de cette mise en scène, je n'ai pas envie de prendre la parole. Je m'exprime sur certains sujets mais, dans l'ensemble, je me tais et laisse les débats se dérouler sans vraiment prendre part à cette mascarade. Richard Durn dira de ce conseil :

« Mais comment arrêter cette comédie humaine ? » Lui savait déjà comment il voulait nous arrêter.

Olivier Mazzotti, conseiller municipal de notre groupe, arrive aux alentours de 23 h 30. Dans deux heures, il va mourir. Quel coup du destin pour cet enseignant qui projetait de partir vivre avec sa famille dans le Sud ! Il avait certainement dû se faire violence pour nous rejoindre à une heure si tardive. Son arrivée nous surprend ce soir-là : il ne devait pas assister au conseil municipal car il avait déjà été convoqué à un conseil d'administration. Malheureusement, ce conseil d'administration s'est terminé plus tôt que prévu. Olivier Mazzotti a décidé de se rendre malgré tout à notre conseil municipal. Lorsque sa femme apprendra son décès, elle aura du mal à y croire car il était censé ne pas y aller.

Je remarque à nouveau Richard Durn. Il se trouve maintenant au milieu du dernier rang du public. Pascal va lui susurrer quelques mots à l'oreille et revient se rasseoir. La salle s'est vidée ; la quinzaine de spectateurs qui assistaient à la séance s'en est allée au fil des heures. La longueur des débats et l'heure avancée ont lassé les rares passionnés qui sont rentrés fatigués chez eux. Restent dans la salle Richard Durn, qui s'est, semble-t-il, une nouvelle fois déplacé, le directeur de cabinet du maire et une jeune femme prénommée Florence. Cette jeune femme est malade, elle a la grippe. À plusieurs reprises, je lui ai conseillé de rentrer chez elle se reposer. Elle n'a pas écouté mes conseils qui ne sont qu'amicaux et elle tient à rester jusqu'à la fin. En fait, Florence demeurera jusqu'au bout de la nuit avec nous. Pour des raisons qui ne regardent qu'elle, elle ne souhaitera pas donner son nom aux services de police arrivés après le carnage. Ce n'est qu'au mois de juin que cette jeune femme se fera enfin connaître des services de police après que plusieurs d'entre nous auront longtemps insisté auprès d'elle pour qu'elle se manifeste.

Le conseil s'achève, nous commençons à avoir froid à cause de la fatigue. Chacun remet sa veste ou son châle serrant contre soi un peu de la chaleur dont on a besoin lorsque l'on veille tard. Le dernier point de l'ordre du jour arrive et Michel et moi nous préparons à ranger nos affaires.

Un détail a sans doute sauvé de nombreuses vies ce soir-là : d'habitude, nous nous levons tous pour converger vers l'estrade du maire et signer le procès-verbal de séance. À ce moment précis, nous sommes tous regroupés, et si Richard Durn avait eu cette magnifique cible groupée, ses balles auraient sans doute fait bien plus de victimes encore. Or, ce soir-là, ce sont les hôtesses qui sont venues nous faire signer à nos places respectives, bien avant la fin du conseil.

Nous remballons donc nos dossiers. Michel et moi conversons, l'esprit focalisé sur nos préoccupations légitimes et que nous croyons encore primordiales : les législatives, l'union, ma future candidature aux législatives, le dîner-débat… Cinq minutes après, tous ces sujets qui nous semblent capitaux n'auront plus aucun sens. Nous sommes tous les deux levés, penchés vers nos bureaux, les autres élus sont encore assis.

Le maire déclare la séance levée. Rien d'extraordinaire. Déjà un peu engourdis par la fatigue, nous ne pensons tous qu'à nous glisser dans nos draps et à dormir enfin. Il est 1 h 10 du matin et je suis réellement épuisée.

J'entends alors une toute petite voix qui dit : « Ce n'est pas encore terminé ! » comme si elle s'excusait. Cette voix, je ne l'identifie pas du tout. Elle est si peu audible, timide et peu sûre d'elle que je pense immédiatement à un des élus qui a oublié de poser une question. En effet, c'est toujours à la fin du conseil que sont traitées les questions orales.

En général, personne n'écoute ; tout le monde en a assez. Je ne peux m'empêcher de maudire celui qui va nous retarder avec une question peut-être sans importance et qu'on n'a certes pas envie d'entendre à ce moment précis.

Je continue paisiblement à trier mes papiers, Michel et moi demeurons imperturbables et rien ne peut troubler notre conversation animée… C'est alors que, tout en parlant, j'entends des bruits répétitifs, une sorte de « tac-tac-tac » très cadencé. Pas une seconde je ne pense à des détonations d'arme à feu. Pour moi, un pistolet fait « pan-pan-pan », mais là c'est un bruit métallique évoquant ce jeu de boules attachées à un fil auquel je jouais quand j'étais petite et qui faisaient ce bruit sec en s'entrechoquant.

J'entends aussi des grésillements. Michel et moi levons la tête vers notre droite, un peu vers l'arrière. Je distingue des petites lumières dans le haut de la salle. Plein de petites lumières. Comme dans une fête foraine, comme des pétards, des étincelles. Je pense que ce sont les néons qui se cassent et je me dis que ce n'est absolument pas grave. Je suis calme, sans inquiétude aucune. En fait, la salle est en partie vitrée sur le dessus et c'est la flamme des balles à la sortie du canon qui se reflète partout dans les miroirs.

En même temps, dans mon champ de vision, je vois une silhouette descendre les gradins. Je ne m'inquiète toujours pas, je pense que cet homme, comme nous, s'apprête à partir. Je ne fais pas le lien entre lui et ces bruits que j'entends.

C'est donc tranquillement que je me retourne vers ma mallette où je fourre pêle-mêle mes papiers et mes bretzels, et je m'entends encore dire à Michel sans le regarder : « Ce n'est rien, ce sont les néons qui se cassent ! »

Richard Durn est à trois mètres derrière nous sur la droite et, contrairement à moi, Michel se rend compte qu'il se passe quelque chose de grave. Il me fait écran et c'est pour cette raison que je ne prête pas immédiatement attention au drame qui se prépare. Au lieu de se repencher sur notre table, il pivote vers la droite et s'offre de trois quarts aux balles, mais il ne s'en doute pas encore.

« Mais comment arrêter cette comédie humaine ? »

Je sens l'inquiétude de Michel qui n'est déjà plus avec moi, certainement surpris par ce qui se déroule sous ses yeux. A-t-il eu le temps d'avoir peur ? Je ne crois pas, je pense plutôt qu'il a mis du temps à comprendre la violence de l'agression et son seul souci a été de s'interposer. J'entends de plus en plus de bruits et, d'un coup, je saisis enfin la situation.

À ce moment-là se produit quelque chose d'extraordinaire. Mon cerveau se met à penser très vite et surtout à plusieurs choses à la fois. C'est comme un écran de télévision avec plusieurs petites cases que l'on peut voir sur les chaînes satellites. Chacune de ces images signifie quelque chose de précis, quelque chose qui m'aide à me protéger, à rester en vie. Toutes ces petites cases s'activent en même temps dans ma tête et elles n'ont pour but que de me garder en vie. Je revois cette silhouette que mon cerveau se refuse toujours à matérialiser, et à humaniser. Pourquoi ne puis-je pas revoir Richard Durn en train de nous tirer dessus, n'ayant pour tout souvenir que son bras prolongé de cette arme ? Je ne peux pas matérialiser un être humain derrière cet acte. C'est comme si ce n'était qu'un pistolet qui nous avait tiré dessus, non pas un homme, non pas un visage.

Cette silhouette, le bras tendu, tient une arme et tire en direction du maire. Je vois le premier maire adjoint, Michel Laubier, recevoir une balle dans le cou. Je le vois porter la main à l'endroit où la balle a frappé. Je crois qu'il est mort car il disparaît sous son bureau immédiatement après l'impact.

Les adjoints qui sont à côté de lui ne semblent pas avoir compris encore ce qui est en train de se produire. Je sais maintenant que ce n'est pas une farce, que cette scène est bien réelle et que personne ne fait semblant.

Tout ce qui se passe ici est vrai. La mort de ceux qui tombent sous les balles du tireur est réelle. Il faut tout de suite se protéger. Peut-être est-ce un commando qui nous attaque ?

Vingt secondes avant, j'avais vu cette silhouette et je pense qu'il y a peut-être plusieurs tireurs. J'entends toujours ces « tac-tac-tac ». Là, je les identifie et je comprends enfin à quoi correspondent ces claquements. L'homme nous tire dessus. Certains élus l'interpellent.

« Qu'est-ce que c'est que ce gag ? » lance une maire adjointe.

Plusieurs personnes essaient de parler.

On entend : « Qu'est-ce que c'est que ce connard ? », « Vous n'avez pas le droit d'interrompre notre séance ! »

Personne ne dira : « Vous n'avez pas le droit de nous assassiner », et pourtant c'est ce qu'il est en train de faire.

Je pense que lui n'entend rien de tout cela.

Il tue.

C'est tout. Il est venu pour cela. Il n'est plus un homme, c'est une machine à tuer. Dans ma tête, j'entends très bien sa phrase : « Je vais tous vous tuer ! »

J'apprendrai plus tard que je suis la seule à l'avoir entendue et qu'il semble qu'il ne l'ait jamais dite. Mais moi, je reçois son message cinq sur cinq. Comme si Richard Durn et moi communiquions clairement sur ses funestes intentions.

C'est urgent, il faut réagir et il faut que je m'en sorte, il faut que je me cache. À cet instant, il s'est écoulé une éternité pour nous tous, mais en réalité peut-être une ou deux secondes. Pascal est déjà mort mais je ne le sais pas encore. Car après avoir tiré en direction du maire et blessé son premier adjoint, Durn a abattu Pascal dans le dos. J'ai toujours les « tac-tac » dans ma tête et je sais qu'à chaque bruit quelqu'un est touché. Je le vois. C'est irréel. Je suis dans un film de guerre et nous sommes les acteurs : incroyable !

Après Pascal, il fait feu à plusieurs reprises sur une conseillère municipale juste à sa droite. Il ne quitte pas l'estrade d'où il nous surplombe. De cette marche-estrade, il peut se déplacer à l'aise et nous voir sans aucune possibilité pour nous de pouvoir nous cacher réellement. En fait, de là où il est, le tueur a une vue plongeante non seulement sur nous mais aussi sous nos bureaux, et tire à bout portant.

Si je ne fais pas ce qu'il faut, je suis une des prochaines victimes. En même temps, c'est comme si je savais ce à quoi il pense. Il est déterminé, très calme, ses mains ne tremblent pas, son regard est fixe. Son arme tenue fermement dans la main droite, il vise. Il nous tue comme s'il abattait des cibles. Il pointe son arme vers quelqu'un et tire, puis se déplace à peine et recommence. C'est méthodique, sans hésitation, sans émotion. Sans bavure !

Les coups partent maintenant avec la régularité d'un métronome. Lui, rien ne semble le perturber ni l'atteindre. Je me demande s'il comprend ce qu'il est en train de faire, s'il sait qu'il tue des êtres humains. Nous allons tous mourir. J'essaie de prévenir Michel qui est à ma droite (à gauche, je n'ai personne : ma place habituelle étant restée vide). Simultanément, je me baisse pour éviter les balles – c'est une des petites cases qui me dit de me cacher. Mais Michel s'offre à lui en attirant son attention et en l'interpellant.

« Mais qu'est-ce que vous faites ? »

Le tireur est très habile, car Michel est légèrement de profil et plus difficile à atteindre. En fait, nous saurons plus tard que nous n'avions que peu de chances face à ce type qui avait pratiqué le tir sportif dans un club pendant six ans ! L'injonction de Michel est une erreur qui lui sera fatale.

Alors que je me baisse et que j'essaie de dire à Michel de faire de même, je le vois se tourner vers lui et tirer. Là, de nouveau je suis au cinéma... devant l'une de ces scènes où l'on voit en Cinémascope quelqu'un mourir en direct au ralenti. J'y assiste physiquement et la mort va frapper là sous mes yeux, mais ce n'est pas un acteur qu'elle frappe, c'est mon ami. La balle touche Michel au voisinage de l'aisselle, du côté droit. Il recule d'un pas. Au ralenti, j'entends une sorte de râle qui n'est plus tout à fait sa voix : « Oh non ! »

Ce cri étouffé, je l'interprète comme si Michel ne voulait pas quitter la vie. Il lui reste tant de choses à faire. Je le sens. Je le sais. Simultanément, peut-être pour essayer de m'atteindre, Richard Durn refait feu.

J'ai été très rapide et je suis déjà accroupie. La deuxième balle atteint Michel entre le cou et la tête. Ses deux genoux plient et il tombe sur le flanc, lourdement, vers moi, son visage à dix centimètres du mien. La scène, je l'ai vue au ralenti. Je la vois encore tous les jours, toutes les nuits. Elle ne me quitte plus.

Je ne peux rien dire. Je suis muette et je dois le rester si je veux avoir une petite chance de ne pas mourir. Je n'y crois pas. Je voudrais lui tendre la main pour l'aider à mourir car je sais qu'il est en train de partir. Je n'ai pas peur de l'aider à mourir. Mais je ne peux pas. Il est déjà parti.

J'avance mon bras, je le recule tout de suite.

Je ne peux pas, car je sais que si je bouge, je suis morte moi aussi. Je sais qu'il est mort, mais quelque chose en moi, comme une enfant qui se raconte une histoire, me rassure et me dit : « Ce n'est pas possible, pas Michel. Il doit faire semblant. » Peut-être a-t-il eu le réflexe de faire le mort afin de ne plus attirer l'attention ?

En apparence, il est en paix, aussi paisible que le soldat d'Arthur Rimbaud endormi dans son val de lumière. Il n'a pas l'air content. Il n'a pas perdu ses lunettes. Je ne vois pas de sang sur lui. Peut-être est-il seulement évanoui ? Mais quelque chose en moi sait. Il est mort.

J'en suis sûre mais c'est trop difficile à admettre, je n'arrive pas à croire qu'une balle ait pu lui ôter la vie en l'espace d'une fraction de seconde. Je ne peux l'intégrer logiquement à mon schéma de pensée. Je ne peux l'imposer à mon cerveau. Ce n'est pas normal. Si j'avais eu une arme à ce moment-là, je nous aurais défendus aussitôt et j'aurais fait feu sur notre agresseur sans aucune hésitation ni remord.

Je suis sous le bureau de Jacques, accroupie avec ma jupe, mon porte-jarretelles et mes talons hauts et je ne prends pas conscience de l'impudeur de cette scène. Et d'ailleurs, je m'en serais fichue éperdument. Comment fuir en talons aiguilles ? Je suis persuadée que je suis entièrement dissimulée, je l'ai cru pendant très longtemps. En fait, le tueur me voit parfaitement puisqu'il nous surplombe. Michel ne bouge pas, il est immobile, son teint a pris un ton terreux. Dans les gradins, je vois le directeur de cabinet du maire qui se cache derrière un fauteuil sur ma gauche. Je vois Florence, dès les premiers coups de feu, partir la main devant la bouche pour ne pas crier, le regard affolé. Où va-t-elle ? Je ne sais pas. Va-t-elle chercher des secours ?

Richard Durn veut certainement tuer le maire. La rangée de Jacqueline Fraysse se trouve en troisième position. C'est la plus éloignée : seize personnes assises face à la salle. Pour l'atteindre, le tireur l'a bien compris, il faut d'abord neutraliser le premier rang, celui où je me trouve et où on compte ce soir-là vingt et un sièges occupés sur les vingt-quatre. Ce rang sera décimé dès les premières secondes et on y déplorera le plus de victimes : six morts et sept blessés. Cette rangée ainsi que la deuxième où se trouvent encore treize élus tournent le dos au public. Nous sommes donc plus vulnérables. Durn doit s'assurer de cette partie de la salle pour pouvoir ensuite contourner les élus par la droite s'il veut descendre le maire.

J'entends toujours les « tac-tac ». Les bruits sont différents et j'arrive même à les analyser et à les comprendre. Je fais maintenant la différence entre les coups tirés sous les bureaux et ceux qui partent sans caisse de résonance. Le tueur tire aussi à travers les bureaux pour abattre les élus qui se sont dissimulés dessous ou pour les déloger. Le bureau voisin du mien, celui de Michel, sera transpercé de part en part. Croit-il dans son délire que j'y suis ? Encore un miracle pour moi !

Il vient nous tuer jusque dans nos refuges improvisés, je le sais, je le sens. Richard Durn est, pour moi, transparent dans ses intentions. Il se rapproche, il tue et tue encore. Il est tout à côté de moi et je sais qu'il arrive et que je vais mourir.

Il vient d'exécuter Pascal, il a blessé plusieurs élus et abattu Michel. Il est maintenant au milieu, derrière la première rangée, à trois mètres seulement de moi. Il se rapproche en continuant à faire feu.

Il tire sur Pierre qui est sous le bureau et qui a essayé d'avertir Olivier. Deux balles dans le bras. Durn doit penser l'avoir neutralisé ou tué. Il tire sur Olivier, sur Monique qui tombent ensemble, enchevêtrés. Il n'y a plus de place pour tous ces corps, ces fauteuils, ces papiers qui volent partout. C'est le chaos.

Les morts sont les uns sur les autres. Il tire encore sur Marie-Josée qui restera ainsi dans son fauteuil, paralysée. Elle ne sent pas qu'elle est blessée. Les secours mettront beaucoup de temps à se rendre compte de la gravité de sa blessure car le sang ne se remarque pas. Ce soir-là, elle porte un tailleur rouge. Elle est grièvement atteinte et ne peut plus bouger. Pendant les cinquante-cinq secondes où Richard Durn tire, elle tente de se lever ou de se baisser, de faire n'importe quoi mais de bouger, or elle a une balle logée dans la colonne vertébrale et elle ne sent rien. Elle est incapable de faire un mouvement et ne peut se protéger.

De toute façon, il n'y a aucun moyen réel de se cacher, seul le facteur chance peut nous éviter la mort ou les blessures. C'est une vraie loterie ! Le loto, on joue, on gagne, on perd, mais on ne sait pas pourquoi. Là c'est pareil, on a joué, on est là, on vit, on meurt et on ne sait pas pourquoi on est mort ou pourquoi on est blessé ou rescapé. Les protections potentiellement assurées par les bureaux sont complètement illusoires. Dérisoires. Les balles de neuf millimètres que tire Richard Durn peuvent traverser jusqu'à trois corps et transpercent sans difficulté plusieurs épaisseurs de nos bureaux en bois stratifié. Nous saurons plus tard qu'il tue avec deux Glock, des pistolets autrichiens de première catégorie soumis à autorisation. Des armes sûres et, hélas pour nous, performantes.

C'est une arme appréciée des tireurs car elle est discrète, moderne et ne peut s'enrayer. Le poids est réduit, le chargeur contient un grand nombre de balles, et Durn a dans ses poches plusieurs chargeurs approvisionnés comme il le dira aussi lors de son audition à la brigade criminelle :

« J'avais juste pris avec moi trois armes : deux Glock 17 et 19 de calibre neuf millimètres et un Smith et Wesson. Pour le Smith, j'avais prévu vingt cartouches environ et j'avais garni le barillet à six cartouches ; pour les Glock, j'avais pris plusieurs chargeurs que j'ai approvisionnés chacun de quinze cartouches de calibre neuf millimètres parabellum. »

Il avait donc « juste pris » six chargeurs de quinze balles pour ses pistolets plus son revolver. Autrement dit, bien plus de quatre-vingt-dix balles pour quarante-six élus, soit presque deux balles par élu sans compter le chargeur du Smith et Wesson !

Richard Durn est un excellent tireur, qui s'entraîne très régulièrement depuis plusieurs années. Quand il vise, il sait ce qu'il fait, il sait ce qu'il veut : faire le maximum de morts ! Les murs en béton de la salle du conseil municipal ont éclaté sous les impacts, la moquette a été découpée comme avec des ciseaux, le béton a explosé. Durn continue de se déplacer vers moi, j'entends les balles de plus en plus proches et le bruit sourd des étuis métalliques qui tombent à ses pieds sur la moquette. Il est là. Je suis toujours sous la table, je ne respire plus, je ne bouge pas.

Il est imperturbablement froid, déterminé et méthodique. Son acte, ses gestes, tout est prémédité comme s'il avait longtemps préparé et répété.

C'est l'accomplissement de sa vie, sa réussite personnelle ! Il tue pour se « réaliser », tue pour exister. Il joue à Dieu, il distribue les rôles à chacun. Il tue, blesse, épargne et ne se rend même pas compte de la terreur qu'il fait régner autour de lui et du mal qu'il commet.

Il le dira plus tard à la police dans un bureau de la brigade criminelle à Paris :

« J'ai lutté pendant des années contre ce projet de folie destructrice mais n'étant rien socialement, n'ayant plus d'amis proches ni de famille, ni ne me battant jusqu'au bout pour des causes personnelles, je devais croire, quitte à être déçu, trompé, à recevoir des coups, j'ai compris que je n'avais ma place nulle part. Donc, je devais m'éliminer [...]. Puisque j'étais devenu un mort vivant, par ma seule volonté,

« Mais comment arrêter cette comédie humaine ? »
je décidai d'en finir en tuant une mini-élite locale qui était le symbole, les leaders et décideurs dans une ville que j'ai toujours exécrée. Je n'ai pas trouvé les antidotes pour me respecter moi-même et les autres. Je n'ai pas atteint un idéal d'humanisme et m'étant laissé aller au désœuvrement et à l'échec, j'ai voulu tuer ces élus pour prendre une futile et infantile revanche sur moi-même et sur ces symboles de puissance qu'ils constituent. »

Voilà donc ce qu'a en tête cet homme qui nous tire comme un chasseur de lapins. Voilà donc d'où vient sa détermination. Sa méthodologie. Dans ces pauvres élus qui donnent du temps, volé pour la plupart à leur vie privée, il ne voit qu'une « mini-élite, symbole de puissance, leader et décideur d'une ville qu'il exècre ». Avions-nous tous ces pouvoirs ? Sincèrement c'était, pour nombre d'entre nous, nous faire beaucoup trop d'honneur !

Je vois Michel mort et je sais que son assassin est tout près de moi et qu'il veut me tuer aussi. C'est à ce moment-là que j'ai le sentiment de vivre le cauchemar que je fais depuis que je suis toute petite et qui apparaît dans une des petites cases que je vois dans ma tête. Le cauchemar où je sens qu'un assassin me cherche, je me cache, je l'entends, il est là et je ne dois pas bouger. Je retiens ma respiration. Mais là, ce n'est plus un cauchemar, c'est en « live ».

Je sais que je vais mourir. Je vais mourir et je ne peux rien faire pour m'échapper. Je ne veux pas de cette mort. Mes pensées sont en total décalage avec la réalité et il y a ce truc débile qui me traverse l'esprit : je ne peux pas mourir puisque je ne suis jamais allée aux Antilles. Je ne sais pas pourquoi j'ai cette pensée, je me dis que c'est trop tôt, il faut que je fasse ce voyage avant de mourir. J'adore voyager et je n'ai sûrement pas fait assez de voyages encore pour abandonner la vie. En fait, face à cette horreur, mon cerveau s'est dissocié et je suis capable d'avoir mille pensées différentes au même moment. Des idées des plus ridicules à celles indispensables pour rester vivante. Peut-être est-ce pour cela que ceux qui ont frôlé la mort racontent souvent qu'ils ont revu toute leur vie ? Ce soir-là, c'est ce que je fais. Si je sors de ma « cachette », ma mort sera instantanée, je le sais. C'est curieux, j'ai le sentiment que cela ne me fera pas mal, que je vais avoir juste une grande lumière dans ma tête et que cela sera fini. Il faut que j'attende. Il faut que j'attende de le voir me tirer cette balle en pleine tête. J'imagine, dans une autre petite case, la peur qu'ont toutes ces personnes qu'il tue autour de moi. Je sens la mort. Elle a maintenant une odeur qui a empli toute la salle du conseil. Je la sens qui rôde et s'empare des gens sans discernement. J'ai peur, très peur et pourtant je ne peux me permettre de me laisser envahir par cette peur. Mon cerveau doit être éveillé pour ma survie. JE VEUX VIVRE. Mais comment faire pour survivre dans de telles conditions ?

« Mais comment arrêter cette comédie humaine ? »

La seule chose qui peut m'aider à me protéger, c'est de faire marcher mon cerveau et de rester très calme. Il faut que je sois calme et que je réfléchisse, mais je tremble comme une feuille. Je ne veux pas mourir comme cela, c'est trop bête.

J'ai trois enfants et je pense très fort à eux. Je veux vivre, je veux les voir grandir. Je veux les revoir. Pas maintenant, c'est trop tôt pour mourir. Je ne suis pas prête. Je n'ai pas envie de me laisser abattre comme un animal ! À ce moment-là, alors qu'il est sur le point de m'exécuter, je ne comprends pas ce qui se passe puisqu'il va m'épargner. Aujourd'hui, je ne comprends d'ailleurs toujours pas et pour moi, c'est une question qui tourne et retourne sans cesse. Pourquoi ne suis-je pas morte ? Pourquoi eux et pas moi ? M'a-t-il volontairement épargnée ? Je ne le crois pas, vu les impacts de balles partout autour de moi. Je pense qu'il a cru que j'étais morte. Je suis sûre que la deuxième balle, celle qui a tué Michel, m'était destinée compte tenu de l'endroit où il a été touché et de ma position. Les impacts autour de moi étaient tellement nombreux qu'il m'a forcément visée aussi. Pourquoi ai-je été épargnée ? Je l'ignore, et c'est une torture pour moi. Le fait de lui avoir souri ? Est-ce aussi parce que Annabelle, une conseillère municipale, s'est mise à courir et l'a distrait l'espace d'une seconde ? Je ne sais pas. Je ne comprends pas.

Pour me raccrocher à eux, j'ai même pensé avoir été protégée par Pascal et Michel, les deux premières personnes à avoir été tuées. Ils étaient mes deux amis, et peut-être m'ont-ils ainsi protégée ?

Richard Durn fait volte-face et s'éloigne un peu. Je suis la première personne à la gauche du premier rang à être épargnée. Le pistolet automatique est encore chargé car, en repartant vers la droite, il fait feu à nouveau sur Pierre, au passage. Il a certainement vu qu'il n'était pas mort et il tente d'achever sa triste besogne… au passage ! Trois balles dans le bras. Par bonheur, et par miracle, Pierre n'en mourra pas mais sera très gravement blessé. Le carnage continue et je n'arrive dorénavant plus à savoir où se trouve le tueur qui s'est éloigné.

En comparant les témoignages des autres élus, lors de la reconstitution, j'apprendrai qu'il s'est dirigé vers la droite de la salle, toujours tranquille et déterminé. Il tire et touche Annabelle qui reste immobilisée au sol. À cet instant, son chargeur est vide. Il réapprovisionne son arme avec l'un des chargeurs dont il a bourré ses poches. Cet intermède sauve la vie à deux élus qui se trouvent entre le groupe des Verts et celui des communistes. Valérie Méot est sur son passage. Il tire. Elle ne mourra pas tout de suite et demande encore à Annabelle comment elle va. Durn l'entend, se retourne et l'achève. Entre-temps, il a tiré une balle dans la tête de Christian Bouthier qu'il connaît bien, et continue à tirer, parfois au hasard. Deux autres blessés encore. Je tressaute à chaque bruit. Mais c'est pis encore quand l'onde de choc résonne sous les bureaux et me fait comprendre qu'il vient de débusquer et d'exécuter quelqu'un.

Au milieu de cette fusillade et de cette confusion, le silence se fait parfois pendant d'interminables secondes. Je n'entends plus rien. Pas de gémissement, pas de cris, tout le monde se tait et se terre. À un moment, je pense à faire la morte pour m'en sortir mais je ne peux pas. Je suis coincée par le corps de Michel. Je songe à tirer mon fauteuil discrètement pour faire écran – cela n'aurait servi à rien – mais je ne peux pas non plus car Michel fait barrage. De plus, ces fauteuils sont horriblement lourds et je n'aurai certainement pas la force de le tirer de là où je suis. Je pense être encore en plein dans son champ de vision et je me remémore les films de guerre que j'ai vus. Que faut-il faire ? Que pouvais-je faire de plus ? Qu'aurais-je dû faire pour aider mes collègues ?

Il faut trouver une solution car personne n'est armé et nous ne pouvons pas le stopper dans sa folie meurtrière. Il faut que je sorte de cette pièce ou que je me cache sous le corps de Michel mais je ne peux pas faire cela. Je n'en aurai jamais la force. J'ai toujours cette petite case où Michel n'est pas mort, où il fait semblant. J'aimerais tant qu'il me fasse un clin d'œil pour me rassurer.

Je veux glisser ma tête hors du bureau pour voir où il se trouve maintenant, mais je renonce, effrayée à l'idée qu'il puisse me repérer. Je sais qu'il ne faut surtout pas que je croise son regard. Si nous nous regardons, je suis morte. Je réfléchis, je réfléchis, je sais que je vais mourir. Je suis comme ceux qui étaient dans les tours du World Trade Center le 11 septembre. Sauter par la fenêtre ou brûler vif ? Moi, j'ai le choix entre une balle dans la tête ou une balle dans le dos. Aucune des deux solutions ne me paraît être la bonne. J'hésite. Il faut que je tente ma chance mais à quel moment et comment ?

C'est absurde de n'avoir plus que ce seul choix entre cette mort-ci ou cette mort-là. Choisir une mort qui ne vient pas, c'est comme choisir de se suicider. La vie n'est plus jamais la même. Choisir sa mort, pas sa mort dans une heure ou deux mais sa mort immédiate… On n'a pas le temps d'y réfléchir beaucoup, de se demander si l'on a envie ou non. Il ne nous laisse pas le choix. Nous sommes des condamnés et nous avons ce choix : le bandeau sur les yeux ou la mort en face. Moi, ce soir-là, j'ai choisi le bandeau…

Mes enfants, c'est fini. Ma vie, c'est fini.

J'attends cette balle, presque résignée désormais. Je ne sais même pas pourquoi. Je ne comprends pas ce qui nous arrive. Pourquoi ? Cela n'a aucun sens. Je ne peux pas me défendre. Je ne suis pas armée, et, si je discute, je serai immédiatement abattue comme l'a été mon ami Michel.

Une élue communiste a le courage et la présence d'esprit d'essayer de téléphoner sous son bureau à la police. Il l'entend, se rapproche. Instantanément, elle comprend qu'elle ne peut se servir de son portable et raccroche. Il se détourne d'elle et l'épargne.

Il est au troisième rang maintenant, celui des maires-adjoints et du maire. Il abat froidement Louiza Benakli qui est sous son bureau. J'avais tellement peur moi-même que je peux imaginer ce qu'elle a éprouvé avant de mourir. Mieux valait mourir au début comme Pascal ou Michel. Tous deux n'ont pas eu le temps d'avoir peur. Au passage, il blesse Jean-Pierre Campos. En se relevant au moment où Richard Durn le vise, il évitera une balle en pleine tête et devra la vie sauve à ce réflexe. Ensuite, il tue Jacotte Duplenne sous son bureau. Même horreur. Même peur. Toutes les deux se sont vues mourir. Ne plus jamais voir leurs enfants, leur mari. Il progresse. La place d'à côté est vide. L'élu qui était là s'est absenté avant la fin du conseil pour aller manger. Sa gourmandise lui a sauvé la vie. Puis, il tire à bout portant sur André Cassou. Les yeux dans les yeux.

Un élu notera dans sa déposition : « J'ai regardé Durn tandis qu'il me tirait dessus mais il ne m'a pas regardé, je n'ai pas pu croiser son regard. Il avait un visage calme, froid, dépourvu d'expression. Il paraissait agir de manière méthodique. À aucun moment, il n'a parlé tandis qu'il nous tirait dessus. »

Durn continue son travail de bourreau méthodique. Personne ne doit s'en sortir. Il laisse quand même de côté les hôtesses, les membres du personnel administratif. Il n'en blesse qu'un. Pourquoi ? Il semble que ce fonctionnaire municipal se soit caché sous le bureau d'un élu absent, et que Durn l'ait pris pour un membre élu du conseil. Le tueur est arrivé à la troisième travée en contournant la salle par la droite. Derrière, il y a une porte de sortie et cette issue, c'est la vie et aussi la possibilité d'appeler des secours. Durant tout le temps où il a été occupé à sa sinistre besogne sur notre rangée, il aurait été possible pour les personnes situées à cet endroit de se glisser discrètement hors de la salle. Une grande partie du personnel administratif présente s'est d'ailleurs sauvée. Mais, je ne m'explique pas pourquoi, d'autres n'ont pas eu ce réflexe. Personnellement, je suis sûre que je serais sortie par là si j'en avais eu l'occasion et je n'ai pas honte de le dire. C'est simplement l'instinct de survie qui parle à ce moment-là. Cette porte est large, elle est à un mètre cinquante au plus des bureaux. Louiza et Jacotte auraient pu s'en sortir. Nous, nous n'avions pas cette possibilité. Nous étions pris en sandwich, mais elles auraient pu sortir.

À présent, peu de personnes séparent Durn de Jacqueline Fraysse, le maire. Il croit l'avoir touchée lors du premier tir. C'est son premier adjoint qui a été atteint à sa place. La personne à côté d'André est Gérard Perreau-Bezouille. Il est très grand, très fort physiquement. Il pousse un cri et s'empare d'un fauteuil. Au même moment, des élus du deuxième rang ont pu contourner et tenter de saisir le tueur par-derrière. Pour nous, il est encore impossible de bouger ayant été décimés dans les premières secondes.

Notre rangée est remplie de corps étendus partout. La travée est jonchée de corps inertes, de papiers, de sang, c'est une vision d'apocalypse.

Le chargeur de Richard Durn est vide. Il essaie de se saisir de la deuxième arme qu'il avait cachée. C'est à ce moment-là que certains élus tentent de le maîtriser. Ils lui arracheront son arme. Au même moment, je ne sais pas ce qui se passe exactement mais je remarque des élus qui sortent de ma droite et d'autres qui réussissent à partir de la gauche vers la sortie principale qui est à une dizaine de mètres de moi. Les tirs se sont estompés. Il est temps de saisir ma chance mais j'hésite encore.

J'entends : « Vous allez le tuer, desserrez… »

Puis : « Tuez-moi, tuez-moi ! »

Toujours cette petite voix… je pense que c'est un élu, je pense que l'assassin met du temps à l'achever et qu'il souffre tellement qu'il lui demande de terminer son travail. Je suis mortifiée. La personne qui l'a ceinturé relâche un petit peu son étreinte. Le tueur en profite pour attraper la troisième arme, le revolver Smith et Wesson qu'il avait caché dans sa ceinture. Cette arme, Richard Durn l'a gardée à son intention. C'est celle qu'il compte utiliser afin de mettre un terme à sa sinistre existence. Simultanément, voyant toujours des élus courir vers la sortie, n'y tenant plus, je m'élance hors de ma cachette. Je suis obligée d'enjamber Michel et je bondis. Je m'empoigne au passage mon sac à main pour avoir mon portable et pouvoir appeler la police. C'est alors que Richard Durn se remet à tirer, faisant plusieurs blessés avec le Smith et Wesson. Je ne me retourne pas et je cours. J'arrive à monter l'escalier qui me permet de sortir de la salle. Les bretzels que j'avais rangés dans mon sac s'en échappent. On en retrouvera partout dans la mairie. Du sang et des bretzels. Beau mélange !

Enfin parvenue à l'extérieur de la salle, j'entends toujours tirer. J'hésite : faut-il que je descende vers la sortie ou que je monte dans les étages pour me cacher ? Je suis une bête aux abois, je ne sais quoi faire, je crois encore que nos agresseurs sont peut-être plusieurs.

Je vois des élus monter vers le troisième étage. Je les suis. Je pense que l'attaque peut venir de l'extérieur et je fais le choix de me cacher dans la mairie. Au troisième étage, j'arrive à accéder à un endroit protégé. Ils me tiennent la porte car l'ouverture est commandée par un bouton secret que je ne connaissais pas ce soir-là. Je suis avec trois autres élus. Nous sommes paralysés par la peur. Nous ne comprenons pas ce qui est arrivé. Nous ne savons plus quoi faire. Nous ne trouvons pas de téléphone dans la pièce où nous sommes, je ne trouve pas non plus mon portable dans mon sac. Je suis tellement perdue que je n'arrive même plus à composer un numéro sur le portable qu'une de mes collègues m'a prêté. Je suis choquée, tétanisée, bonne à rien. Nous restons dans le noir. Quelqu'un veut allumer la lumière. Je l'en dissuade. Nous sommes dans une pièce vitrée qui donne sur une verrière intérieure, facilement repérable si cette attaque est menée par un commando. Nous sommes peut-être les seuls survivants ? Je leur apprends que Michel est mort, personne ne veut me croire. Ils me répondent que je n'ai pas le droit de dire cela mais moi je sais qu'il est mort. Je le sais. J'ai l'impression que tout le monde va être tué. Je ne sais pas pourquoi mais je ne me fais pas de souci pour Pascal. Il est jeune, sportif, adepte du jogging comme moi. Je suis certaine qu'il s'en est sorti et que je vais le retrouver caché quelque part dans la mairie. Et pourquoi d'ailleurs le tuerait-on ? Il est si jeune, si gentil !

Je reste persuadée qu'en ce qui concerne Michel, cela ne peut être qu'une erreur épouvantable du tueur qui voulait tirer sur Jacqueline Fraysse et qui a confondu les élus. Je n'arrive pas à comprendre qu'il ait voulu tuer Michel alors qu'il était élu municipal d'opposition. Je me dis n'importe quoi, j'essaie de comprendre ce qui se passe et qui pourrait donner une explication plausible à sa mort. Je me sens seule au monde.

Nous apercevons le maire de l'autre côté de la verrière, un étage en dessous. Il s'est écoulé à peine deux ou trois minutes. Elle marche vers des bureaux, les mains pressées l'une contre l'autre. Elle a l'air bouleversée. Je suis étonnée de la voir vivante car elle était logiquement la cible centrale du tueur. Inconsciemment, je pense que l'attaque est certainement dirigée plus vers celle qui détient le pouvoir depuis plusieurs années que vers les autres élus. Nous entendons des bruits dans le couloir, notre sang se glace, nos jambes se dérobent. Nous ne bougeons plus. Nous nous tenons tous immobiles. Nous nous regardons, terrorisés. C'est Gérard Perreau-Bezouille qui tient les armes dans ses mains et veut les mettre au coffre. Sa présence me rassure. Il est tellement grand et fort que je me sens plus protégée avec lui à mes côtés. Il nous prévient que tout est fini et que le tueur a été maîtrisé. Nous pouvons redescendre. Il n'y a plus de danger. Il saigne abondamment. Sa chemise est couverte de sang au niveau des reins. Je m'inquiète pour lui mais il poursuit son idée et veut absolument mettre les armes à l'abri. Il nous dit que les forces de l'ordre vont arriver. Gérard nous explique qu'ils ont réussi, alors que le tireur continuait à tirer, à le maîtriser et à le désarmer. Il est solidement attaché avec les fils électriques de nos micros. Je n'ose pas lui dire de s'allonger et d'attendre un médecin. J'ai peur que s'il continue à marcher, sa blessure ne s'aggrave.

La pièce attenante à celle où nous sommes réfugiés et où nous avons suivi Gérard a un téléphone. Puisque les secours sont prévenus, la seule personne que je veux joindre est mon mari. Lui seul peut m'apporter le réconfort psychologique dont j'ai besoin. Je lui tiens des propos incohérents, il est 1 h 20, il dort. « Je suis à la mairie, il y a eu un attentat, il y a beaucoup de morts, ne viens pas. » J'ai besoin d'entendre le son de sa voix.

Mon époux est médecin, il a l'habitude d'être réveillé la nuit par les urgences. Mais là, il ne comprend visiblement pas ce qui arrive. Il pense quand même qu'il y a quelque chose de grave et commence, à moitié endormi, à s'habiller. Vieille habitude d'urgentiste ! Dans sa jeunesse, il a travaillé au Samu, il ne sait pas encore à quoi s'attendre. Il en a tant vu dans sa vie de médecin hospitalier que peu de choses l'alertent en général.

Nous emboîtons le pas à Gérard et redescendons d'un étage. Je suis terrorisée à l'idée de croiser le tueur mais je ne veux pas rester seule.

Quand nous arrivons au deuxième, les informations commencent à circuler sur ce qui vient de se passer. Beaucoup d'entre nous parlent mais je ne sais pas vraiment ce qu'ils disent. Ils parlent d'armes. Ils s'interrogent sur celui qui a tiré, le pourquoi d'une telle agression, si quelqu'un le connaît.

J'apprends que le tireur a agi seul, qu'il serait apparenté aux Verts et qu'en plus de ses trois armes il avait aussi un couteau à cran d'arrêt. J'ignore comment, mais je sais qui est celui qui nous a tiré dessus. Je ne peux mettre un visage sur celui qui tenait l'arme mais, dès le début, j'ai su que c'était cet homme à qui j'avais souri pendant le conseil. Je ne comprends pas encore pourquoi et comment j'avais cette certitude au fond de moi. Je suis sûre d'avoir vu encore plus que je ne puis le raconter même aujourd'hui et c'est dans cette seule hypothèse que je peux trouver une logique entre mon amnésie et mes certitudes.

Sur le palier entre la salle du conseil et la salle des mariages, je croise Jacqueline Fraysse qui s'élance vers moi et me demande comment je vais. Elle a l'air rassuré de me voir vivante. J'aperçois un petit groupe qui descend l'escalier vers la sortie ; c'est Durn, solidement encadré de policiers qui le conduiront au commissariat à deux pas de la mairie. Mais je n'y fais pas vraiment attention. Je ne veux surtout pas avoir à le matérialiser, à l'humaniser. Pour moi, celui qui nous a tiré dessus est plus une silhouette avec une arme au bout de son bras qu'un homme. Mon esprit, sur le moment, ne peut assimiler cette évidence. J'ai du mal à comprendre ou à intégrer le fait qu'un homme puisse faire cela à un de ses semblables. Il ne mérite vraiment pas que je fasse attention à lui. Mes amis, mes collègues sont bien plus importants à mes yeux.

Je croise d'autres élus, nous avons tous l'air de sortir de nulle part. Des morts vivants !

Moi, je n'ai qu'une idée en tête : récupérer mon portable pour pouvoir rappeler mon mari et me sentir rassurée par sa présence ou le son de sa voix. Des policiers en civil avec des brassards commencent à arriver. Les secours ne sont pas encore là. Ce portable, je ne sais pas pourquoi, mais c'est la seule chose qui me raccroche encore à la réalité logique. Le téléphone, dans ma vie professionnelle je l'utilise quotidiennement, c'est devenu un ami, un confident au grand dam de mon mari qui voit défiler les notes de mon fournisseur d'accès avec effroi. Ce portable me rassure dans ce contexte particulièrement irréaliste. Et c'est tout naturellement que je me retourne vers ce portable, prolongement de moi-même et de beaucoup d'autres femmes de ma génération pour faire un lien avec la vie, comme pour évacuer la mort que j'ai vue de si près ce soir.

Un jeune policier se tient à l'entrée de la salle. Ne sachant visiblement pas ce qu'il doit faire, il hésite sur la conduite à tenir. Doit-il laisser les survivants retourner dans la salle voir leurs collègues morts ou blessés ? Il reste paralysé sur le pas de la porte. J'arrive près de lui et je lui explique que je suis une élue et que je veux rentrer dans la salle. J'ai absolument besoin de mon portable. Ma façon de dire tout cela a-t-elle été autoritaire, je ne sais, mais le policier m'autorise à revenir sur les lieux du drame. Je lis sur ses lèvres plus que je n'entends sa voix : « Faites vite ! »

Et là, c'est le choc, le chaos !

La première image que je vois dans cette salle, cette salle que je hais maintenant, c'est Pascal. Il est assis, penché sur le côté droit dans son fauteuil. Il semble dormir. Il ne bouge absolument pas. Pascal, si jeune, si vivant, est là, devant moi, assis sur son fauteuil… mort, assassiné dans le dos. Je ne comprends pas pourquoi son siège est tellement éloigné de son bureau. Pourquoi a-t-il reculé ainsi ? Je n'ai pas de réponse mais c'est une chose importante pour moi. Je me raccroche à ce détail bêtement. J'ai besoin de savoir qu'il a été tué sans rien voir et sans souffrir. Je ne veux pas penser qu'il ait pu savoir ce qui allait lui arriver. Je ne veux pas qu'il ait eu peur. Je ne veux pas qu'il ait souffert. Le voir mort comme cela, c'est un peu de ma vie qui s'arrête aussi. Je ne m'y attendais tellement pas. Pour Michel, ça a été en direct : mon cerveau a déjà enregistré l'information, mais là, c'est impensable, insupportable. J'ai la respiration coupée, mon cœur se serre fort dans ma poitrine, mon sang dans mes veines se fige, mes jambes flageolent. Je reste figée à le contempler. Il est offert à ma vue sans plus aucune défense et je m'en veux de le voir ainsi dans cet état de fragilité. Je détourne mon regard pour ne plus le voir. Je ne veux pas garder de Pascal cette image.

Les policiers n'ont pas encore investi la salle et tout est resté en place. Il y a des corps partout mais, à part Michel et Pascal, je ne veux plus rien savoir. Je ne peux plus assimiler tant d'horreur. Mon cerveau refuse d'en voir plus. Il me protège car je suis incapable d'en voir davantage. J'ai peur de ne voir que des morts, la mort de tous mes collègues.

Pas loin, des formes par terre, mais je ne comprends pas, je ne peux pas comprendre que ce sont Monique et Olivier. Je ne peux pas comprendre que ce que je vois par terre, ce sont des être humains, des corps. Pour moi, complètement abasourdie par l'étendue des dégâts, ces deux corps enchevêtrés n'en sont pas. Ce sont comme des paquets de vêtements. Mon cerveau refuse les informations qui lui arrivent parce qu'elles sont sans logique.

Les blessés ne gémissent pas. Ils sont là, les yeux ouverts, à attendre sans une plainte. C'est terrifiant. Je croise le regard de certains mais je ne peux leur apporter aucun réconfort, ni aucune parole. Je suis muette, absente, inexistante. Je n'existe plus. Je n'en suis plus capable.

Dans la salle, le silence est pesant. L'atmosphère est étouffante comme si le silence s'était matérialisé jusqu'à remplir tout entier cet endroit où l'âme des morts est encore là, juste au-dessus de nos têtes. Ils nous contemplent. Ils sont encore présents. Ils ne sont plus dans leur corps mais je les sens toujours dans la pièce. J'ai l'impression qu'ils ont été emportés malgré eux et qu'ils ne veulent pas partir car la mort les a pris par surprise et ils n'y étaient pas préparés. Je les sens encore étonnés, ne sachant ce qu'ils doivent faire.

Il y a une odeur. Pas de sang ou de poudre, mais une odeur de mort. Pas celle des morts, mais celle de la mort. Elle n'est même pas désagréable. C'est simplement une odeur chargée mais indéfinissable. Cette odeur ne fait pas peur, elle est presque même rassurante. C'est très bizarre comme ressenti.

Le jeune policier me presse. Il doit se rendre compte que pour une personne non habituée à ce genre de violence, le spectacle est choquant, traumatisant. Lui-même semble impressionné.

Tremblante, j'avance dans la salle et retourne à ma place. Je prends mon cartable et cherche partout mon portable. Michel est à mes pieds. Je ne lui jette même pas un regard. J'ai trop eu le temps de le contempler pendant la tuerie et je ne veux pas non plus garder cette image de lui. Tout cela me fait peur.

Je cherche mon portable nerveusement et il n'y a plus que cela qui compte. Je l'explique au policier qui a compris que j'avais besoin de me raccrocher à quelque chose de concret pour ne pas sombrer et que cette histoire de portable n'était qu'un prétexte. J'ai très froid, je cherche, je cherche. En fait, ce portable il est sur moi depuis le début, il est dans mon sac à main, tout simplement. J'étais trop déconnectée pour le trouver. Mes papiers sont éparpillés sur le pupitre de mon bureau avec ceux de Michel, tout est mélangé, souillé. Je ne veux plus les voir et je me fiche comme d'une guigne de ce qui peut y être écrit.

Je prends ma mallette, mon manteau et, sans me retourner, je ressors de cette pièce maudite pour rejoindre l'autre monde, celui des vivants.

J'ai froid, je suis une survivante. Je suis une rescapée.

Il est 1 h 25 du matin. Les autres rescapés se sont rassemblés sur le palier et parlent peu. Personne ne pleure. Nous sommes surtout abasourdis, encore surpris de ce qui vient de nous arriver. Jacqueline Fraysse est avec les survivants et je découvre en elle une femme que je ne connaissais pas : le médecin qui organise les secours, demande des nouvelles de chacun. Elle veut absolument que je mange. Est-ce une façon d'exorciser sa peur ? Elle reste dans l'action et, finalement, je me dis qu'elle a peut-être de l'amitié pour moi malgré nos divergences politiques radicales. Ou alors elle voit que je ne vais pas bien du tout et que je suis sur le point de m'évanouir. Elle dirige le personnel, elle fait ouvrir la salle des mariages pour que nous puissions nous allonger sur les bancs recouverts de tissu et nous restaurer si nous en éprouvons le besoin.

Les policiers ont fini d'investir les lieux. Les pompiers sont là. Moi, je reste étrangère à tout cela et l'idée de me nourrir me semble inconcevable, incongrue. Un quart d'heure après, gentiment on me proposera une île flottante. C'est à ce moment-là que je m'apercevrai que je suis souillée par du sang.

Comment pourrais-je avoir envie de manger dans un moment pareil ? Pendant des jours, tous ceux qui m'entoureront auront cette même obsession : me faire manger !

Je m'exile par la pensée. Je ne suis plus là. J'ai enfin mon portable, un lien avec l'extérieur, avec les miens. Mon mari, mes enfants, mes parents, ma sœur. Ceux qui comptent le plus pour moi et que j'ai failli perdre ce soir. C'est d'eux que j'ai le plus besoin. Eux seuls sauront me réconforter. J'appelle de nouveau Gérard, mon mari, je lui répète les mêmes paroles, je lui raconte le carnage. Il est indispensable qu'il vienne. Je voudrais tellement qu'il comprenne que c'est un miracle que je sois là, vivante, à lui parler. Je ne suis pas certaine qu'il s'en rende vraiment compte. Il doit croire que j'exagère comme d'habitude ! Tous les maris pensent de leur femme qu'elle exagère… C'est cela, les maris et les épouses !

Dix minutes après Gérard est à mes côtés. Il a même réussi à franchir le cordon de policiers qui ne voulait pas le laisser entrer. Indifférent à leurs injonctions, il a monté quatre à quatre les escaliers en leur criant que sa femme était en haut. Ils l'ont finalement laissé passer et il est là. Il m'aperçoit au milieu des survivants, il me serre dans ses bras. Il m'embrasse. À cet instant, il prend conscience qu'il a failli me perdre. Il comprend que j'ai échappé d'un cheveu à la mort et que ce soir, il aurait pu devenir veuf et être obligé d'élever seul nos trois enfants. Qu'aurait-il fait sans sa « précieuse » femme ? Pour un couple marié depuis plusieurs années, c'est un des rares moments où finalement on mesure à quel point on tient encore à l'autre et combien l'on s'aime.

Entre-temps, j'ai appelé mes parents. Il y a douze ans, c'est par un appel téléphonique au milieu de la nuit que je leur ai appris que ma sœur Sophie avait mis fin à ses jours à trente-deux ans. Je connais l'angoisse que cette sonnerie engendre la nuit lorsqu'elle retentit. Je sais qu'ils vont être inquiets mais j'ai envie de leur parler et d'être rassurée par leurs voix. Je ne veux pas qu'ils apprennent le drame par les médias et qu'ils n'aient pas eu de mes nouvelles auparavant. Ils ne comprennent rien de ce que je leur explique. Ils croient que c'est mon autre sœur, Frédéricka, qui leur parle. Ils croient que je suis morte, car plusieurs personnes me parlent à la fois, et je n'arrête pas de leur dire « Michel est mort, Pascal est mort, ils sont tous morts ». J'ai la raison qui vacille. Je raccroche. Affolés, mes parents téléphoneront à ma sœur, à la police, à la mairie, aux secours, à ma fille. Et ce n'est que plus tard dans la nuit que je parlerai à ma sœur aînée qui comprendra enfin ce qui se passe.

Aucune information ne filtrera de la part de la police sur l'identité des victimes car, dans ce genre de tragédie, on ne donne aucune identité avant de s'assurer que la famille ou les proches ont été prévenus.

Mon mari a précipitamment quitté la maison endormie sans prévenir mon amie et sœur adoptive Isabelle, qui vit chez nous, et lui a laissé sans qu'elle le sache la garde de nos trois enfants. Insidieusement, l'inquiétude commence à gagner tout le foyer.

Ma chienne, Ivory, me cherche toute la nuit. Elle est âgée. Comme tous les golden retrievers de son âge, c'est plutôt un chien tranquille. Elle ne cesse d'aller et venir dans la maison en gémissant, donnant l'impression de sentir que sa maîtresse est en danger. L'instinct de certains chiens est très développé et ils perçcoivent des événements que nous autres humains ne savons pas toujours interpréter.

Les garçons et Isabelle ont un sommeil profond et n'ont pas entendu les appels téléphoniques. Par contre, ma fille, Eugénie, a entendu les deux coups de fil. Âgée seulement de onze ans, elle est très intuitive. De son lit, elle n'a pas osé demander à son père pourquoi il se levait, s'habillait et partait à la hâte. Mais elle a bien deviné au fond de son cœur qu'il se passait quelque chose d'inhabituel, quelque chose de très grave. Ma fille est donc seule dans le noir à ressasser ses mauvais pressentiments. Elle sait que sa maman n'est pas encore rentrée du conseil municipal mais elle ne fait pas le lien entre le départ de son papa et sa maman qui ne revient pas de la mairie. Elle attend seule dans son lit que je rentre ainsi que son père pour se rendormir. Elle se raconte dans sa tête des petites histoires pour se rassurer. Son papa est parti à l'hôpital voir un malade comme cela arrive quelquefois, et sa maman n'a pas fini sa réunion, rien d'inquiétant à cela... Mais elle a beau essayer de se rassurer, elle est quand même inquiète et elle ne parvient pas à se rendormir. Les heures défilent. Elle reste éveillée à se faire du souci.

Simultanément, en Bretagne, ma mère qui ne comprend toujours pas très bien ce qui se passe et qui est très inquiète se dit qu'en téléphonant à mon domicile elle obtiendra des informations sur ma santé et sera enfin rassurée. Eugénie, qui est la seule à être réveillée, décroche. Ma mère finit de l'inquiéter en lui annonçant le drame qui s'est passé à la mairie. Elle ajoute qu'elle n'a pas de nouvelles de moi mais qu'elle a cru comprendre que Michel Raoult était mort. Eugénie, bouleversée, n'ose toujours pas réveiller ses frères ou Isabelle. Mais maintenant, elle se doute que son père est aux côtés de sa mère. Elle prie toute la nuit seule dans son lit pour Michel qu'elle connaissait bien. Il venait régulièrement à notre domicile lors de nos réunions politiques et elle l'aimait beaucoup.

Vers 4 heures du matin, mes parents me rappellent pour me dire que ma fille est seule à être réveillée dans la maison. Immédiatement, je comprends la situation et je l'appelle, la rassure sur mon état de santé et lui dis de réveiller Isabelle. Je lui demande de ne pas aller à l'école tout à l'heure mais, pour elle, c'est impossible. Eugénie est ainsi faite. L'école est une priorité même dans des circonstances exceptionnelles. Pour rien au monde, elle ne la manquerait. Elle veut savoir ce qui est arrivé à Michel Raoult. Je lui confirme qu'il a été assassiné ainsi que Pascal. Elle me confie sa peine et ses intentions de prière.

Après qu'Eugénie a réveillé Isabelle, j'explique brièvement la situation à celle-ci et la charge d'entourer Eugénie pour qu'elle ne reste pas seule et qu'elle la réconforte. Elles verront toutes deux la télévision une bonne partie de la nuit. Elles s'entretiendront sur la signification de la mort, sur la vie, une nuit bien particulière pour une petite fille de onze ans !

À la mairie, le va-et-vient est tel alentour que l'instinct de médecin de mon mari reprend vite le dessus et il s'enquiert de la possibilité de se rendre utile. Alors, il met ses compétences au service des blessés et va voir dans la salle s'il peut les soigner ou leur apporter de l'aide. Mon mari m'a vite oubliée. Comme tous les médecins, il a vu que j'allais bien, et pour lui c'est l'essentiel. Il ne s'occupe médicalement de moi uniquement si je suis gravement malade. Il est cancérologue et donc relativise pour les petits maux physiques et plus encore psychiques.

Je me sens seule. J'ai besoin d'être entourée et de voir les membres de notre association politique Nanterre Maintenant. Nous formons une famille. Nous sommes très proches les uns des autres. Et c'est tout naturellement vers eux que je me tourne en cet instant pour qu'ils m'apportent du réconfort. Je n'imagine pas vivre ce moment si fort de mon existence sans le partager étroitement avec mes amis qui déjà au quotidien me soutiennent toujours fidèlement. J'appelle Jacques Le Texier, qui, par miracle, n'était pas là ce soir. À ce moment précis, j'en prends conscience et j'en remercie le Ciel. En fait, c'est sa femme qui l'a dissuadé de venir. Nous avons tellement de réunions que je la comprends d'avoir voulu le garder avec elle. Elle lui a posé un ultimatum : cette soirée pour elle ou le divorce. Du coup, pour une fois, il n'est pas venu. Je lui explique la situation ; il ne me croit pas, m'interdit de dire que Michel est mort. Il finit par comprendre que la situation est grave et qu'il faut qu'il vienne.

En m'asseyant pour reprendre des forces, je m'aperçois que mes vêtements sont humides. J'ai enfilé mon manteau. Mais le tissu a épongé le sang et d'autres choses indicibles qui ont été projetés autour de moi et cela ne se voyait pas. On me présente à nouveau de la nourriture, je m'énerve et je me rends compte de l'état dans lequel je suis. Je suis couverte de sang… la moindre goutte de sang me fait vaciller d'habitude. J'appelle en urgence mon mari qui m'accompagne aux toilettes car je redoute de m'y rendre seule. J'ai trop peur d'être tuée et il doit me croire complètement folle ! Il m'accompagne, me nettoie alors que je suis en train de vomir.

Jacques est enfin arrivé, il est livide. Il s'aperçoit que la situation est bien plus grave que tout ce qu'il pouvait imaginer ou soupçonner. Lui aussi n'a pas compris vraiment ce que je lui disais et il a cru qu'en tant que femme j'exagérais, vision bien masculine des femmes en règle générale. En pleine nuit, réveillé par mon coup de téléphone et encore ensommeillé, il n'avait pas su apprécier la gravité de la situation. Qui, d'ailleurs, aurait pu imaginer qu'un tel drame aurait pu se jouer dans un conseil municipal français ? Jacques m'étreint longuement et, par cette étreinte, me fait part de son émoi. À cet instant, nous partageons le même effroi. Il aurait pu, il aurait dû être là. Il fait partie à part entière de ce conseil martyr et nous sommes en pleine communion dans l'horreur de cette soirée. Michel était un de nos proches et nous sommes abasourdis qu'il ait pu être tué si brutalement. Comment va-t-on annoncer la tragédie à sa famille ? Mais pour le moment, nous n'osons même pas nous poser cette question.

J'ai également prévenu Rachida, qui avait assisté à une partie du conseil. Elle arrive peu de temps après Jacques. Très douce, elle me rassure, me murmure des paroles réconfortantes et sa présence m'apaise. Elle ne paraît pas plus surprise que cela. Comme si elle aussi avait eu un pressentiment. Elle a immédiatement compris qu'il s'agissait de l'homme qui lui avait donné des coups de pied dans son fauteuil tout au long de la soirée. Cette violence ne l'étonne pas, car sa famille, il y a quelques années, a été mêlée bien malgré elle à un assassinat, sa belle-mère ayant été tuée sauvagement par un rôdeur. Elle est donc déjà sensibilisée à la violence meurtrière. Rachida était très proche des personnes décédées comme Christian Bouthier, Michel Raoult, Olivier Mazzotti. Politiquement active depuis plusieurs années, elle avait eu l'occasion de travailler avec eux. Et c'est une part d'elle-même qui disparaît aussi ce soir.

Une dernière personne manque pour m'aider à affronter ma douleur : Florent Montillot, mon prédécesseur qui, pendant vingt-deux ans, a combattu politiquement à Nanterre et qui, des années entières, a siégé à ce même conseil. Il aurait certainement été abattu par le tireur s'il avait été dans la salle ce soir-là. Je l'appelle. Il habite Orléans. Sa femme, Danièle, effrayée par mes propos et qui ne comprend pas elle non plus ce qui se passe, lui interdit au début de venir. A-t-elle peur qu'il prenne la route en pleine nuit ou qu'il y ait encore un risque ? Florent, très calme comme à son habitude, m'écoute et me dit qu'il arrive sur-le-champ. Les trois élus de droite disparus lors de la tuerie sont, en grande partie, entrés en politique pour le suivre. C'est lui qui a constitué la liste des municipales de 2001. Un poids pèse sur son cœur : il se sent à tort coupable d'avoir placé ces hommes et ces femmes au mauvais endroit au mauvais moment. Statistiquement, il y avait peu de risques qu'une telle chose nous arrive un jour. Croiser le chemin d'un tueur au moment où il a décidé de passer à l'acte n'est quand même pas fréquent. Et il a fallu que cela nous arrive !

Après ce coup de fil, je déambule sur le palier où les blessés sont de plus en plus nombreux. Je ne peux les aider. J'en suis absolument incapable. La plupart sont couverts de sang. Certains ont le regard vide et la moindre parole, ici, en ce moment serait une parole déplacée ou une parole de trop. Qu'il est difficile dans certaines circonstances de trouver les mots pour apporter du réconfort !

Les personnes valides qui ont le courage de retourner dans la salle du conseil municipal font des allers et retours, et reviennent nous donner les noms des morts, ceux des blessés, nous raconter la nature des blessures, les tentatives de réanimation. Selon le policier en faction devant la porte, certains élus seront priés parfois brutalement de sortir ou pourront effectuer la navette afin d'obtenir des nouvelles des blessés ainsi que leur identité.

Quelqu'un annonce les morts de Pascal et de Michel. Je le savais déjà depuis longtemps ! Et la liste des victimes s'allonge : Valérie Méot, Jacotte Duplenne, Christian Bouthier, Louiza Benakli. On me dit qu'Olivier et Monique sont grièvement blessés, qu'on tente de les réanimer. En réalité, ils sont morts, mais les nouvelles nous parviennent lentement. Dans la salle des mariages, tout le monde est effaré. Bilan définitif : huit morts et dix-neuf blessés sur quarante-six élus présents. Plus de la moitié du conseil est touché. Les rescapés ne sont plus que des êtres humains meurtris et solidaires, tous unis, frappés conjointement par le même drame.

Toutes couleurs politiques confondues, nous nous serrons les mains, nous nous étreignons. Nous parlons, nous exorcisons notre peur. Il n'existe plus de clivage politique ce soir. Nous sommes tous unis dans la souffrance. Nous sommes tous d'une même famille unie dans le même malheur.

Des précisions nous arrivent sur le tireur fou. J'apprends qu'il s'appelle Richard Durn. On me confirme qu'il est sympathisant Vert, ce que démentira Noël Mamère. Un témoin remarquera : « J'avais fait sa connaissance, il y a un an environ dans le cadre de la campagne électorale précédant les élections municipales de mars 2001 ; il était sympathisant tout comme moi du groupe Réinventons Nanterre, le groupe des Verts et apparentés... il n'avait aucune responsabilité mais il était sympathisant, un militant de base. » Mais en fait peu importe... la seule chose qui compte, c'est que c'est un fou qui a tiré et qu'il soit vert, noir, rouge ou jaune m'est complètement égal. Pas besoin d'incriminer tel ou tel parti, cela ne peut être qu'un grand malade mental qui a agi ainsi. Il a tué des gens qu'il ne connaissait pas pour la plupart, mais aussi des personnes qui avaient travaillé avec lui comme Christian Bouthier, ou qui l'avaient reçu en mairie comme Jacotte Duplenne. Richard Durn avait été surveillant dans le lycée où enseignait Christian.

Je hais Richard Durn. Je hais ce qu'il nous a fait. Et je ne lui souhaite que du mal. Mon mari dit à un policier qu'il est très probable que ce genre de tueur cherche à se suicider et le met en garde afin qu'il soit surveillé de très près. Le policier lui assure qu'on ne le lâchera pas d'une semelle. On connaît la suite...

Une cellule de crise a été mise en place à la mairie de Nanterre. Le Samu commence à évacuer les blessés. On a d'abord « trié » les victimes : les blessures thoraciques classées plus urgentes, puis les blessures abdominales, enfin les autres. Les plus valides sont transférés sur le palier sur des civières. Ceux dont l'état est incertain sont réanimés ou soignés dans la salle même du conseil. Une équipe de réanimation est arrivée et œuvre sur place. C'est un peu le fouillis. Tous les rescapés bien sûr se connaissent mais tout d'un coup les lieux ont été investis par des policiers, des personnes chargées de l'enquête mais aussi par des pompiers, le Samu, des psychiatres et des soignants. Ils ne nous connaissent pas et nous avons été mélangés avec des personnes qui spontanément, ou à la suite de nos appels téléphoniques, nous ont rejoints à la mairie. Du coup, c'est la panique pour eux. Les psychiatres doivent séparer les victimes psychologiques des simples curieux, amis, proches... certains rescapés ne recevront pas les soins appropriés ni les informations nécessaires qui nous étaient destinées. Nous aurions aimé aussi, par la suite, pouvoir nous contacter et en parler entre nous. Mais nous n'en avons pas eu la possibilité car nous n'avions pas les coordonnées téléphoniques de chacun. Les psychiatres veulent que nous nous mettions à parler immédiatement et on nous demande de consulter le médecin de la cellule d'urgence qui nous reçoit tour à tour. Il prend notre tension, nous administre des tranquillisants, nous fait raconter notre récit. Tous les témoins sont entendus. Tout cela est prévu, paraît-il, afin d'éviter les traumatismes psychologiques post-attentat, le choc post-traumatique. Malheureusement, cela ne sera pas suffisant ! Le drame a pris une telle ampleur que la cellule de crise est complètement débordée. Nous n'en avons pas vraiment conscience sur le moment, mais dans les jours qui suivront nous aurons le sentiment d'être abandonnés à nous-mêmes. N'ayant pas reçu les informations utiles afin de pouvoir entrer en contact avec le personnel soignant compétent, nous ne saurons pas à qui nous adresser dès les premiers jours.

De mon côté, en attendant de voir le médecin, j'échange des numéros de téléphone des élus décédés de notre groupe avec Jacqueline Fraysse. Il faut prévenir les familles. Mon mari, qui a malheureusement cette triste habitude en tant que médecin, téléphone à la famille de Michel. Pour commencer à les préparer, il leur dit simplement qu'il s'est passé quelque chose de grave et qu'il faut venir à la mairie. Je redoute tellement de les voir arriver. Qui va leur parler ? Comment leur annoncer un pareil cauchemar ?

Et puis je pense à Pascal et à sa famille. Qui va pouvoir les prévenir ? Pascal m'avait dit que son amie Françoise était en Italie et je n'ai ni le numéro de ses parents, ni celui de sa sœur qu'à cette époque je ne connais pas.

Quant à la fille de Monique, je suis inquiète pour elle car sa mère était en instance de divorce. Nous ne savons pas si la petite fille est seule chez elle ou non. J'ai peur qu'elle ne se réveille sans trouver sa mère. Les proches de Monique au conseil municipal sont soit morts soit grièvement blessés et nous ne connaissons pas bien ses conditions de vie privée. J'explique mes craintes au maire qui réagit aussitôt, comme moi, en mère de famille et demande qu'on trouve ses coordonnées au plus vite. En réalité, la petite fille est restée dormir chez son papa et n'est donc pas en danger.

Je ne sais plus qui a les coordonnées de la famille d'Olivier mais cela a dû être plus facile de joindre sa famille. Je pense à ses deux petits garçons qui n'auront plus de papa. Il les aimait tant, ses fils. Il parlait d'eux avec une telle fierté dans la voix, heureux de les présenter à ceux qui venaient parfois le saluer dans la rue commerçante.

Je pense à tout ce gâchis. Je mesure les conséquences pour les familles des victimes. Se retrouver veuve, veuf, orphelin du jour au lendemain.

C'est un véritable drame que vont vivre ces familles qui ne sont pas encore au courant.

Les premières arrivent et elles sont dirigées dans des bureaux privés au premier étage afin de les isoler. Elles pourront ainsi laisser éclater leur chagrin dans l'intimité. Pour la plupart, nous avons pris soin de les préparer en les invitant simplement à se rendre en mairie sans tarder. Nous n'avons pas souhaité leur apprendre leur deuil au téléphone mais de vive voix dès leur arrivée sur les lieux.

De nouveau, les rescapés sont sollicités. On ne veut pas nous laisser seuls avec nos pensées noires. Nous sommes invités à rencontrer d'autres médecins. J'explique ce que j'ai vu. On me donne un tranquillisant, on veut encore me forcer à manger. Je ne peux pas, je n'ai absolument pas faim compte tenu des événements et de l'heure avancée.

Je retourne vers mes collègues. De nouveau, on éprouve entre nous le besoin de se toucher. C'est un besoin animal bizarre. On a besoin de la chaleur humaine pour se réconforter. On s'embrasse, on se presse, on se touche comme si l'on voulait s'assurer que l'on est bien vivants. J'admire les employés administratifs dont certains étaient dans la salle avec nous et qui coordonnent tout du mieux qu'ils peuvent pour que la nuit nous soit un peu moins pénible. D'autres employés ont été appelés en renfort et tirés de leur lit afin de nous porter secours.

Les personnalités politiques commencent à arriver aux alentours de 4 h du matin. Lionel Jospin, accompagné de Michel Duffour, conseiller général communiste de Nanterre, et Daniel Vaillant, ministre de l'Intérieur. Lionel Jospin est livide. Ce qu'il vient de voir dans la salle du conseil l'a visiblement marqué mais aucune émotion ne se lit dans son regard. Il me serre la main, lâche trois paroles banales, mais je ne trouve aucun réconfort dans ses propos. J'en trouve plus de la part de Michel Duffour. Peut-être parce que je le connais bien et que c'est un homme qui m'inspire de la sympathie malgré son appartenance politique ?

Les policiers prennent à plusieurs reprises nos identités. Ils nous reposent les mêmes questions. Leur présence est rassurante, je les admire de rester si maîtres d'eux-mêmes. J'aime les pompiers. J'aime tous ces gens qui sont le contraire de Richard Durn : humains ! Ils nous apportent secours, assistance. Et ils sont venus pour nous aider. Quelqu'un nous filme, je suppose que c'est la police, car je suis étonnée de ne pas voir de journalistes dans la mairie. À ma grande ignorance, je pensais que les télévisions auraient pu entrer dans l'enceinte de notre mairie afin de filmer le carnage. Bien que je sois contre toutes les diffusions de scènes violentes à la télévision, l'habitude d'en voir constamment me faisait considérer comme presque normal que des journalistes vinssent nous filmer dans la détresse.

De nouveau, les psychiatres tentent de nous regrouper pour solliciter de notre part une participation orale et ainsi nous faire évacuer par la parole l'horreur que nos yeux ont pu voir, que notre cerveau a pu enregistrer. Constamment nous sommes invités à parler. Je suis dirigée au troisième étage avec un psychiatre encore différent. Mais là c'est en groupe que l'on nous demande de nous exprimer. Il faut évacuer, parler. On doit vidanger notre cerveau des images. C'est, paraît-il, la « meilleure des thérapies ». Certainement très efficace. Mais alors combien temps devrais-je parler pour être enfin débarrassée de ma nuit d'horreur ? Je retrouve dans ce groupe de parole plusieurs rescapés. Mais là, surprise, le personnel soignant a confondu les rescapés et les visiteurs, ce qui fait que des visiteurs nous racontent leurs premières impressions, alors qu'on ne peut dire que nous ayons vécu les mêmes choses ! Mais une fois encore, plus rien ne nous choque, tout nous semble normal. Je ne prendrai conscience de ces « couacs » de la cellule de crise que plus tard.

Ressortie de cette réunion improvisée, j'apprends que la famille de Michel est arrivée. Je me sens responsable, tellement coupable de ne pas être morte à sa place. J'ai le sentiment qu'il m'a protégée en mourant. Oui, je me sens coupable. J'ai honte face à sa famille. Je me dis qu'être vivante alors qu'il est mort est pour eux comme une blessure supplémentaire. Me voir bien portante alors qu'un des leurs ne s'en est pas sorti… Je voudrais tant leur témoigner mon amitié. Je suis la dernière à avoir parlé à Michel et nous étions ensemble ce soir-là. Je les retrouve dans le bureau qui leur a été attribué pour laisser éclater leur peine sans être dérangés par des regards indiscrets. J'arrive. Ils sont tous en pleurs. Sa fille aînée n'est pas encore là car elle est enceinte et ils se demandent comment ils vont lui annoncer la nouvelle. Michel allait être grand-père. Mon Dieu, il ne connaîtra jamais son petit-fils. Nouvelle blessure dans ma tête. Je les prends dans mes bras. Les émotions et les étreintes remplacent les mots. Que pourrions-nous dire, d'ailleurs ? Je vois la mère de Michel, pauvre personne âgée, qui ne se verra pas disparaître en premier comme c'est dans l'ordre des choses en temps normal et je la prends aussi dans mes bras. Marie-José, son épouse, dit qu'elle ne veut pas, moi non plus je ne veux pas. Je la tiens par la main pour lui transmettre un peu de chaleur. C'est trop dur. J'ai sur le dos un blouson que m'ont donné des secouristes. Je grelotte. Je pleure avec eux mais j'essaie d'être forte. Ils m'attrapent les mains, ils s'accrochent à moi… J'ai le sentiment qu'ils attendent tellement de moi. Il faut que je sois à la hauteur. Il faut que je sois digne. Michel l'aurait été. Je dois lui faire honneur. Je dois être comme lui… Qu'aurait-il fait à ma place ? Mon cœur est mort, je suis morte avec eux. Ce n'est que mon corps qui est là. Le reste n'existe plus. La dernière fille de Michel est dans un état épouvantable. Je ne sais plus quoi faire pour eux. Je leur promets que je serai là, que je continuerai pour lui notre combat politique, que je leur raconterai un jour cette dernière soirée. Je leur raconterai le fou rire que nous avons eu, Michel et moi, pendant le conseil lorsqu'il s'était trompé en votant *contre* la subvention à une crèche, lui qui se battait en faveur d'une politique familiale cohérente. Nous avions bien ri car les votes se déroulaient tellement vite qu'il était difficile de ne pas perdre pied et de ne pas se tromper. Il avait fallu que cela soit sur un sujet qui lui tenait tant à cœur ! De la part de Michel, c'était si rare de faire une telle erreur !

Je sors. Je croise la famille d'Olivier. Je reconnais son papa que je connais bien. Je l'embrasse ainsi qu'une femme que je ne reconnais pas mais qui est l'épouse d'Olivier. Le père d'Olivier est aussi dans un état épouvantable mais il reste très digne dans sa douleur. Je voudrais lui témoigner mon amitié, mais je suis maintenant moi-même très mal.

Les secouristes me forcent à rester tranquille et à me reposer. Ils me placent une couverture de survie sur les épaules et ils me disent qu'il faut que je pense un peu à moi. Vers 7 heures du matin, le président de la République, Jacques Chirac, arrive, entouré de Charles Pasqua, président du conseil général, d'André Santini, maire d'Issy-les-Moulineaux, et de Nicolas Sarkozy, à l'époque maire de Neuilly-sur-Seine. Jacqueline Fraysse me présente. Je tombe dans les bras du Président. Il est aussi ému que moi. Il est blême. Lui aussi a vu la salle et comprend ce que nous avons vécu. Dans cette étreinte, je sens sa sincérité et le véritable partage de notre souffrance. Je lui parle à l'oreille, je lui explique que nous avons eu très peur, que nous ne supportons plus l'insécurité à Nanterre car, à ce moment précis, j'ignore encore les motifs de l'attaque de Richard Durn.

Pour moi, c'est peut-être un problème d'insécurité et l'acte d'un homme mécontent de la politique de la ville et du budget qui a été voté ce soir. Le Président promet de nous aider. Tous autour de nous sont surpris de notre longue étreinte qui leur semble interminable. Aujourd'hui encore, ce contact physique avec Jacques Chirac reste un sujet de plaisanterie. Après nous avoir quittés, le Président, qui a aussi rencontré les familles des victimes, sort sur le parvis de la mairie où il est assailli par les journalistes et se fait inconsciemment mon porte-parole en brandissant le flambeau de l'insécurité. Immédiatement, on retournera cela contre lui en insinuant qu'il faisait de la récupération politique. Jacques Chirac est aussi furieux, car le préfet des Hauts-de-Seine, qui a prévenu Lionel Jospin au milieu de la nuit, semble avoir « oublié » de le prévenir – le président de la République n'a été averti qu'au petit matin.

La nuit s'est écoulée doucement. L'aube finit par poindre. Les personnes qui me connaissent et qui ont écouté la radio commencent à m'appeler –

sur le portable, à la maison, les téléphones n'en finissent plus de sonner. Toutes me témoignent leur amitié. Certains ont cru que je n'étais plus là. Je suis submergée d'appels et je ne peux répondre à tous. Ceux qui ne m'ont pas tout de suite en ligne pensent que je suis morte dans l'attentat. Plusieurs amis élus d'autres villes sont inquiets pour moi. Eux non plus n'ont pas réussi à me parler et ne parviennent pas à obtenir de mes nouvelles auprès des services municipaux qui ne donnent aucun nom. Des dizaines de personnes m'assurent de leur affection.

À présent, je suis prête à les écouter, même si je ne suis pas dupe en ce qui concerne certains d'entre eux qui ne me portent pas dans leur cœur. Je suis étonnée d'avoir des messages de personnes qui ne me téléphonent jamais et dont je sais qu'elles me jalousent. D'ailleurs, je ne m'étais pas trompée car, de la plupart de ces personnes pas vraiment sincères, je n'aurai absolument plus de nouvelles par la suite. L'être humain est ainsi. Capable de se manifester lors de tragédies, il reste indifférent à votre existence quotidienne. Est-ce réellement de l'amitié ou de l'amour dans ce cas-là ou ne devrait-on pas appeler cela du voyeurisme ?

La nuit s'achève, des familles arrivent encore mais je ne les connais pas. Je sors sur le parvis de la mairie, sidérée de voir tant de journalistes et tant de monde. Je ne m'étais pas rendu compte du va-et-vient extérieur. Je n'avais pas pris conscience de l'impact médiatique que cet événement aurait en France. Des gens se font interviewer, visiblement contents de passer à la télévision. Je trouve cela profondément écœurant et déplacé compte tenu des circonstances. Je ne comprends même pas ce que je fais là. Je suis blafarde, mon blouson de secouriste sur le dos et ma couverture de survie à la main. J'ai abandonné mon manteau quand je me suis aperçue qu'il était souillé par le sang de mes collègues assassinés. Personne ne fait attention à moi. Les journalistes se laissent raconter n'importe quoi par des « témoins » qui n'étaient même pas présents dans la salle. Je reste anéantie par ce que j'observe. Cette manière de se mettre en avant après un drame pareil me laisse médusée ! Je me sens vraiment différente de tout ce monde ! Quelqu'un à part ! Quelquefois j'ai l'impression d'être d'une autre planète !

Je remonte une dernière fois pour dire adieu à mes collègues assassinés et je croise par hasard un policier qui apporte les sacs plastique blancs qui vont être utilisés pour transporter les corps. Leur linceul ! Je détourne la tête, je ne veux pas imaginer mes amis et collègues là-dedans.

Je croise encore la famille de Pascal, prévenue tardivement. Je crois même que c'est par la radio qu'ils ont compris car ils n'avaient pas reçu de coup de fil de leur fils pour les rassurer. Ni sa sœur, ni ses parents n'avaient été alertés, mais quand ils ont entendu les nouvelles, ils ont tout de suite compris. Je retrouve Sylvain qui avait passé une partie du conseil avec nous. C'était le meilleur ami de Pascal et il avait aussi parlé avec Richard Durn. Il sait les liens que j'avais avec Pascal, on s'étreint ; il a les yeux rougis et semble au désespoir. J'embrasse l'amie de Pascal qui, par on ne sait quel instinct, est rentrée d'Italie dans la nuit et était venue demander les clés de l'appartement à Pascal. Ils sont tous effondrés.

Je croise le compagnon de Monique, il est anéanti. À sa demande, Jacques retournera, seul, chercher au petit matin dans la salle le sac à main de Monique pour le lui remettre.

Les huit corps sont encore là.

La police judiciaire fait son travail pour les besoins de l'enquête.

« ... les sièges sont fixés à même le sol. Vingt-neuf centimètres en contrebas de ces derniers, avec un espacement d'environ un mètre, se trouve une autre rangée de seize sièges disposés en arc de cercle. Vingt-neuf centimètres plus bas, se trouve une troisième et dernière rangée de sièges en plastique, en comprenant, pour sa part, dix-sept. C'est devant cette troisième rangée de sièges, à gauche, que se trouvent quatre corps allongés sur le sol. À côté de chaque corps est disposée une pige portant les lettres A (Michel Raoult), B (Monique Leroy-Sauter), C (Olivier Mazzotti), D (Pascal Sternberg). Ils seront identifiés, comme les autres personnes décédées, sur les indications du maire. À l'extrémité droite de cette première rangée de pupitre, se trouve le corps d'une femme marqué de la pige E (Valérie Méot)… Devant ces pupitres, à droite, se trouve le corps d'un homme marqué de la pige flanquée de la lettre F (Christian Bouthier)… derrière cette rangée de pupitres sur la droite, nous découvrons deux corps de femmes, marqués par les piges de lettres G (Louiza Benakli) et H (Jacotte Duplenne). » Extrait du procès-verbal qui arrive à métamorphoser un drame en banal dossier administratif ! Les morts deviennent des lettres et perdent, en plus de leur vie, leur identité !

Jacques sera très marqué d'avoir eu à pénétrer dans ce sanctuaire au petit matin.

Des membres de l'association Nanterre Maintenant et des amis me proposent de me raccompagner chez moi. Le jour est levé depuis longtemps. Le soleil brille, radieux. Entre hier et aujourd'hui, le temps s'est métamorphosé. Le printemps est là. Drôle de coïncidence après une nuit pareille.

Il n'y a plus rien à faire. Presque tous ont déjà quitté la mairie.

Lendemains de drame

Il est 10 heures lorsque deux personnes me raccompagnent chez moi le mercredi 27 mars au matin. Mon mari, lui, est parti de son côté avec sa propre voiture. Neuf heures se sont écoulées depuis la tuerie. Étourdie par les calmants administrés par les médecins pendant la nuit et par l'état de choc, je suis incapable de prendre mon véhicule. J'ai l'impression d'être dans du coton et de me réveiller d'une anesthésie. Je ne ressens rien. Je ne réalise pas. Mon beau-frère, Thierry, me téléphone de Dijon. La batterie de mon portable est complètement déchargée mais il fonctionne encore. Il me dit qu'il est heureux que j'aie pu échapper à la mort, qu'il m'aime, et qu'il a eu très peur pour moi. Je lui dis que je l'aime aussi et je le remercie de son appel. Je coupe le téléphone.

Plein d'amis se sont manifestés. Ils ont tous voulu, soit immédiatement, soit par la suite, me raconter où ils étaient quand ils ont appris la nouvelle et qu'ils m'ont crue morte. C'est comme le souvenir que chacun a de l'endroit où il se trouvait lorsqu'il a appris ou vu les tours du World Trade Center s'effondrer après l'attaque de ces terroristes sans scrupule. Mes parents me racontent encore à quelle occasion ils ont appris la mort de Kennedy ou le lieu où ils se trouvaient lorsque le premier homme a marché sur la Lune. Dans mon cas, deux de mes amis se souviennent. L'un a sauté de son bain comme un fou devant les yeux ahuris de sa femme, l'autre a poussé un hurlement dans sa cuisine si bien que son épouse a cru que tous les petits plats avaient été brûlés pendant la nuit. Ce sont des anecdotes, mais compte tenu de la gravité de la situation, je trouve cela assez amusant qu'ils aient tous eu ce besoin de me raconter ce qu'ils faisaient au moment où ils ont appris le drame.

Je ne réalise pas encore très bien que, cette nuit, ma vie a failli s'arrêter et qu'à d'autres, moins chanceux, la leur a été ôtée. Je suis dans ma voiture en compagnie de deux personnes, et je suis vivante. Imperceptiblement, je me sens déjà différente, un peu étrangère au monde qui m'entoure. Je suis dans une autre dimension. Une partie de moi avec les morts et une autre avec les vivants. Mais cette impression est encore furtive et ce n'est qu'un sentiment englué par la fatigue.

Quand j'arrive à la maison, mes trois enfants sont déjà partis à l'école. J'aurais tellement aimé les prendre dans mes bras. J'attendrai, en fin de journée, le moment où, enfin, je pourrai les serrer contre moi pour leur montrer combien leur mère les aime et quelque part les rassurer sur mon état de santé. Se sont-ils rendu compte que leur mère aurait pu ne jamais rentrer ? Se sont-ils rendu compte que plusieurs enfants n'avaient pas eu la même chance qu'eux et que des petits garçons et des petites filles ne reverront jamais plus leur papa, ou leur maman ?

Mon amie Isabelle et mon mari m'attendent. Ils essaient de me faire avaler quelque chose mais sans succès. En général, dès que j'ai un souci, je suis incapable de m'alimenter normalement. Je raconte à Isabelle cette nuit d'horreur qui va, même si je me l'interdis pour le moment, bouleverser à jamais ma vie.

L'heure file. Je dois me dépêcher et me préparer. Les services municipaux nous ont invités à nous présenter à la mairie trois heures plus tard pour prendre un bus qui nous emmènera tous témoigner et porter plainte contre notre agresseur.

Je ressens soudain une envie folle de me laver. Tout d'un coup, complètement déconnectée de la réalité, j'imagine que j'ai rêvé et qu'en prenant une douche je vais enfin me réveiller de cet affreux cauchemar. Mes vêtements me dégoûtent, mon corps me dégoûte, tout m'écœure. Ma jupe, mes bas restent marqués et souillés malgré les tentatives de nettoyage de mon mari pendant la nuit. Je me sens salie comme, je le suppose, on se sent salie après un viol lorsque des mains étrangères ont fouillé votre corps.

Jamais plus je ne pourrai porter cette jupe, cette veste.

Je me déshabille à la hâte, je mets tout de côté en boule, je n'ai plus de force. Isabelle se charge de tout. Je suis de plus en plus droguée par les médicaments et il est urgent que je dorme. Je fais couler de l'eau chaude sur mon corps. Pour me purifier. Et brusquement, j'éclate en sanglots. Je m'affaisse dans la douche. Je me recroqueville sur moi-même. Je me rends enfin compte qu'ils sont morts. Jamais je ne les reverrai. Je revois des scènes de la tuerie, je revois le film de la tragédie. Je ne me sens pas prête à affronter une nouvelle fois une situation dramatique. Je ne veux pas de cela. J'ai déjà trop souffert dans ma vie et traversé trop de tragédies. Je n'ai plus la force d'en assumer une autre. Je ne m'en sens déjà plus capable. Je ne veux pas qu'ils soient mes morts. J'ai déjà vécu le deuil et les longues conséquences qu'il entraîne. Je sais très bien ce qui m'attend avec cette tragédie. Je ne me fais pas d'illusions et je devine que, même sortie indemne physiquement de cette nuit tragique, il va me falloir beaucoup de temps pour émerger et reprendre le cours normal de mon existence. Pour cette raison, je rejette l'idée que ce sont mes morts, je ne veux pas être habitée par ces deuils. Je ne veux pas qu'ils m'accompagnent au quotidien comme la mort de ma sœur l'a fait des années auparavant. Je ne veux pas replonger dans le deuil. Les morts de Pascal et de Michel me déchirent le cœur. Je suis perdue, complètement vidée. Je pleure et j'ai honte, je n'aime pas pleurer. Je suis hagarde, épuisée, il faut que je dorme. Je demande à mon mari de me réveiller vers midi. Je dors une heure assommée par l'effet des médicaments. Je sombre dans un profond sommeil malgré le téléphone qui n'arrête pas de sonner.

Grâce à cette heure de sommeil volé, j'ai repris un peu de force et j'ai décidé de me montrer forte et de faire face. En tant que responsable politique, je me dois d'être forte, de m'occuper de nos morts et de nos élus blessés, d'aider leurs familles. Trois décès dans notre groupe, deux blessés très graves sur neuf personnes présentes ! Plus de la moitié de notre équipe détruite ! Je pars pour la police judiciaire en compagnie de nombreux élus. Je ne suis pas mécontente de me retrouver parmi eux. Nous sommes soudés dans le malheur. Je repense à la nuit que j'ai vécue. Toutes ces images me reviennent pendant que les autres discutent autour de moi dans le bus. Le trajet me paraît interminable.

Si ce n'était ces circonstances dramatiques, je serais excitée d'avoir l'occasion d'entrer dans ce lieu historique. La PJ, Quai des Orfèvres, a vu passer bon nombre d'assassins et il m'est arrivé de me passionner pour certaines histoires concernant les plus grands d'entre eux. J'ai honte d'avoir de pareilles pensées. Nous attendons très peu de temps, les forces de l'ordre sont toutes mobilisées pour nous entendre compte tenu du nombre important de témoins à interroger. Les policiers sont adorables et semblent comprendre notre souffrance. Ils nous offrent du café.

Celui qui m'interroge m'annonce que Richard Durn se trouve dans un bureau voisin. À la seule évocation de son nom, je me remets à trembler. Ce tremblement ne me quitte plus désormais chaque fois que l'on me force à replonger dans le souvenir de cette soirée. Le policier m'explique qu'en vertu de l'article 122-1 du Code de procédure pénale, Durn pourrait échapper à une sanction pénale s'il est reconnu « irresponsable » de son acte. En bref, s'il est déclaré fou, il pourra être vite remis en liberté après un passage plus ou moins court en hôpital psychiatrique. Le droit français reconnaît comme seuls responsables les individus conscients de leurs actes. Les personnes ne possédant pas toutes leurs facultés mentales au moment des faits ne sont pas aptes à être jugées. C'est logique, en soi, mais j'en ai froid dans le dos. Je me mets à penser que s'il devait sortir un jour de prison ou de l'hôpital psychiatrique, Richard Durn ne manquerait pas de venir nous tuer un par un pour achever ses desseins de malade pervers. Lors de son arrestation dans l'enceinte du conseil municipal et alors qu'il était emmené par les forces de l'ordre fortement maintenu, il n'a pas hésité à interpeller cyniquement une élue qu'il croisait : « Toi, D..., tu vas pouvoir continuer ta carrière politique. »

J'explique ma théorie à l'enquêteur. Je suis persuadée que c'est un Nanterrien qui, ne voyant pas la politique communiste de la ville changer et étant déçu du budget voté le 26 mars, a décidé de tuer le maire et a été débordé dans son action. Il m'explique les réelles motivations de Richard Durn. Je découvre alors que je suis dans l'erreur la plus complète. En fait, c'est un fou. C'est encore plus difficile pour nous. Admettre que le type qui a fait cela, n'est qu'« un » dingue. C'est vrai que j'aurais eu du mal à imaginer que l'on puisse avoir envie de tuer comme cela, gratuitement, pour exister. Ce n'est pas du tout le genre d'idées qui peut me traverser l'esprit.

L'enquêteur me montre la photo du tueur, je le reconnais formellement, je suis glacée. Je revois son regard si particulier, si étranger à la nature humaine et à la moindre compassion. Je revois son regard froid, calculateur, lorsqu'il tirait. Pour moi qui aime comprendre et qui ne peux me résoudre à subir un tel acte sans y trouver un semblant de justification, il m'est impossible de donner un sens à un non-sens. Pourquoi nous a-t-il fait cela ? Pourquoi cela nous est-il tombé dessus, particulièrement lors du conseil municipal où nous avions le malheur de siéger ce soir-là ?

En fin de journée, je suis épuisée. Tous les élus entendus à la brigade criminelle ont porté plainte contre Richard Durn. Le chauffeur de la mairie nous ramène à Nanterre. Les téléphones portables n'arrêtent pas de sonner. Par une sorte d'accord tacite, plus personne n'a envie de décrocher. Nous sommes las. Nous nous taisons tous, submergés par la douleur mais aussi unis dans ce silence par le drame.

Arrivée à la mairie, je me rends à la chapelle ardente dressée en souvenir de nos amis et collègues assassinés. À la hâte, les services municipaux l'ont érigée dans la salle du palais des Congrès situé sous la mairie. Des milliers de fleurs jonchent le sol. Un cordon nous sépare d'une espèce de petite stèle où chacune des victimes a sa photo exposée. C'est à peine croyable qu'en l'espace de vingt-quatre heures nous nous dirigions tous vivants pour assister à un conseil municipal et que le lendemain, heure pour heure, je sois en train de contempler leurs photos ainsi disposées parce qu'ils ont trouvé la mort en remplissant juste leur rôle d'élu de la République. Un livre a été mis à notre disposition pour écrire une prière ou laisser un témoignage intime. Je me recueille. Beaucoup de Nanterriens viennent vers moi, heureux de rencontrer une de leurs élues rescapées, de témoigner leur amitié et de présenter leurs condoléances. Ces gestes sont leur manière à eux d'être là avec nous et de prendre un peu du poids que pèse notre chagrin. Je croise des amis proches, ils sont émus de me voir et me serrent dans leurs bras. Nanterriens et amis intimes, je leur avais téléphoné durant la nuit pour les prévenir du drame.

Pour le moment, vaincue par la fatigue, je ne peux même pas pleurer devant les photos de

Louiza, Jacotte, Monique, Valérie, Michel, Olivier, Pascal et Christian. Je ne peux plus que prier pour eux, pour leurs âmes afin qu'elles montent au ciel et qu'elles trouvent la paix.

De leur côté, les journalistes se sont échangé les numéros des élus. Certains n'hésiteront pas à se rendre dans les hôpitaux où sont soignés les blessés et à tenter de se faire passer pour des membres de la famille afin d'obtenir « le » témoignage qui fera sensation, le « scoop » du siècle ! Nos familles, nos amis téléphoneront pendant plusieurs jours, des appels incessants. Je ne sais même plus aujourd'hui qui m'a appelée ni ce que j'ai pu dire. N'en pouvant plus, j'enregistre cette annonce sur mon répondeur : « Je suis bien vivante, je vais bien. Pas la peine de me laisser de message ! »

J'ai de vagues souvenirs mais, plusieurs mois après, je ne sais si telle ou telle conversation téléphonique a été vécue ou imaginée. J'ai eu le même problème avec les témoignages écrits de sympathie. Tout a été trop vite, trop fort pour ne pas être submergée.

Ce qui est sûr, c'est que le lendemain, jeudi 28 mars, je me sens portée, galvanisée par tout le poids des responsabilités qui m'incombent. Le travail est le meilleur des refuges, la solution pour éviter de penser. Je veux et j'essaie de tout gérer. La presse continue de me harceler. J'accepte finalement des rendez-vous et prépare mes interviews pour le lendemain, soit un peu moins de quarante-huit heures après l'agression. Je téléphone à l'ensemble des familles des victimes pour leur témoigner mon soutien et présenter mes condoléances. J'écris à Jacqueline Fraysse pour m'associer à sa peine pour les élus du groupe communiste dont je n'ai pas les coordonnées. Je commande les fleurs au nom de notre groupe et de plusieurs associations, et j'en oublie, dans mon activité frénétique, de penser un peu à moi. Mais n'est-ce pas voulu ? Moins je pense à moi, mieux je peux me porter compte tenu des circonstances.

Et puis voilà que, alors que je suis dans le centre-ville, une équipe de journalistes de télévision me reconnaît et vient à moi. L'un d'eux commence par m'interroger de manière banale sur les événements des deux derniers jours et, tout à trac, pour ménager un effet de surprise : « Que pensez-vous du suicide de Richard Durn ? » Je tombe des nues. Finalement il s'est suicidé le lendemain de son acte sanguinaire, il n'a pas attendu longtemps pour agir ! Je ne comprends même pas au début qu'il est mort… Richard Durn vient de se jeter par le Velux ouvert du bureau où il était interrogé dans la cour pavée de la police judiciaire et sa mort n'a pas encore été annoncée officiellement. Je ne pouvais donc être au courant, et l'équipe des médias le savait certainement. Ce sont donc eux qui m'apprennent là, au milieu de la rue et en pleine interview, que Richard Durn vient de se suicider. Qu'avait-il derrière la tête, ce journaliste, pour m'assener ce nouveau coup sinon faire du sensationnel avec la réaction de surprise en direct que j'aurais pu avoir ce matin-là ?

Je ne m'y attendais pas, néanmoins je ne suis pas très surprise. Je repense à Sylvie, une des maires adjoints, qui a arraché les fils électriques pour qu'on ligote Durn afin d'éviter de le blesser en luttant avec lui. Je repense à mon mari qui avait prévenu un policier des intentions suicidaires de Durn. Cependant, au fond de moi, j'éprouve, je l'avoue, un immense soulagement à l'annonce de sa mort. Je me dis qu'il ne pourra plus jamais nous faire du mal, nous tirer dessus. J'ai de drôles de pensées. Durn et toutes ses victimes vont-ils se retrouver dans l'au-delà ? Pourquoi ne pas avouer franchement ce que je pense ? Je déclare au journaliste qui m'interroge que je suis soulagée d'apprendre sa mort, et qu'ainsi il ne pourra plus faire de mal à personne. J'ai aussi des pensées affreuses en me disant qu'il n'a pas payé assez cher tout le mal qu'il a fait. À cette minute, j'aurais tant aimé qu'il soit torturé avant de mourir. J'ai trop de haine dans mon cœur. Cela ne me ressemble pas, mais Durn m'a transformée en une femme haineuse. J'aurais aimé moi-même lui tirer dessus. Je suis farouchement contre la violence, mais j'aurais avec plaisir pris une arme et fait feu sur ses bras, ses jambes avant de l'abattre sans aucun remords. Oui, j'ai eu des idées de vengeance. Oui, j'aurais aimé lui faire mal avant de le tuer. Même aujourd'hui, j'en suis encore là. C'est affreux de l'avouer : je n'ai pas encore trouvé la paix et le pardon pour lui. Beaucoup s'offusqueront officiellement du suicide de Durn. Beaucoup aussi, dans le secret des alcôves, se diront soulagés et réagiront exactement comme moi.

Richard Durn a subi trois interrogatoires en tout et pour tout : le premier avec Yves Bot, le procureur, et les deux autres au service de la police judiciaire, Quai des Orfèvres. Ce 28 mars, quelques heures après le drame, Durn était toujours déterminé à mourir. Il l'avait d'ailleurs clamé haut et fort lors de son interpellation par les élus en leur demandant de le tuer. Pas un seul instant, durant sa garde à vue, il n'a oublié qu'il n'avait pas achevé son plan diabolique consistant à mettre fin à ses jours après avoir fait le maximum de morts et s'être pris à un lieu symbolisant la République et la démocratie. Il guettait la moindre occasion, la plus petite baisse de vigilance de la part de ses geôliers, la plus infime possibilité tout en donnant le change aux enquêteurs ou au médecin généraliste qui l'a examiné durant la nuit du drame. Celui-ci, compte tenu de l'état apparent de calme de Durn, n'a pas jugé utile qu'il soit vu par un psychiatre. Pourtant, dans un procès-verbal du 27 mars à 2 h 05 du matin, soit un peu moins d'une heure après la tuerie, un officier de police judiciaire note que Richard Durn sera placé en garde à vue, à compter du « vingt-sept mars deux mille deux à une heure vingt », moment de l'interpellation, pour une durée de vingt-quatre heures, qui pourra éventuellement être prolongée de vingt-quatre heures maximum. Il remarque expressément les signes de démence du suspect et estime qu'il n'est pas susceptible de comprendre la portée de la mise en garde à vue. Dès lors, il décide que ses droits lui seront notifiés par procès-verbal distinct ultérieurement.

Étonnant qu'après un tel procès-verbal le médecin généraliste qui le verra peu après dans la nuit ne décide pas de le conduire immédiatement auprès d'un psychiatre comme cela aurait dû être fait dans cette affaire – comme cela est fait d'habitude dans des affaires criminelles où le prévenu « montre des signes de démence et n'est pas susceptible de comprendre la portée de sa mise en garde à vue », dixit le procès-verbal.

Pourtant, l'officier de police en parle clairement quand il évoque l'état psychologique de Richard Durn dans son rapport. Tout est net dans ce procès-verbal : Richard Durn, au plan psychologique, est gravement atteint. En l'occurrence, n'aurait-il pas été plus sage de le montrer à un médecin spécialiste des maladies mentales, un psychiatre ? Lorsqu'un prévenu est estimé dangereux pour lui-même comme l'était Richard Durn, il est surveillé étroitement. Cela n'a pas été le cas pour lui, visiblement considéré comme un détenu ordinaire et donc bénéficiant du régime ordinaire de préventive. Toutes les conditions étaient alors réunies pour qu'il mette fin à ses jours. Il a donc réussi son coup comme il le voulait lorsqu'il implorait, après avoir été maîtrisé dans la salle du conseil : « Tuez-moi, tuez-moi. » Son geste destructeur a eu la portée qu'il souhaitait. Même s'il n'a pas tué le maire qui était sans doute son objectif initial, il a quand même réussi à assassiner huit élus et à en blesser dix-neuf.

Tout le monde parle de lui, il a la notoriété qu'il attendait tant. Il ne lui reste plus qu'à disparaître à son tour et son plan sera totalement réussi et achevé. Fin de la mission !

En garde à vue, il n'est, paraît-il, pas facile de se suicider. Néanmoins, d'après ce que je lirai plus tard dans la presse, il y a des opportunités pour mettre fin à ses jours dans les locaux de la police judiciaire, à commencer par l'escalier central, immense, en partie, il est vrai, protégé par des grillages, et pour finir par les fenêtres sous les toits, ouvertes dès qu'il fait trop chaud. Les faits divers survenus après notre tragédie montreront que beaucoup de détenus se suicident en préventive ainsi qu'en détention.

Richard Durn n'a pas beaucoup dormi non plus et doit être dans un état d'excitation intérieur extrême. Il ne perd pas de vue son but, menant tout le monde en bateau avec un calme étonnant. Les enquêteurs ne noteront pas l'ombre d'un regret, pas l'ombre d'un regret dans ses propos. Pouvoir se laver et disposer d'une cellule pour lui seul, voilà ce qui le préoccupe. Comportement étonnant chez un homme qui devrait être accablé par la culpabilité !

Dans son rapport général de synthèse rédigé et remis à toutes les victimes survivantes de la tuerie, le procureur de la République de Nanterre, Yves Bot, notera :

« … Dans l'après-midi du 27 mars lors de la prolongation de garde à vue de Durn, celui-ci est toujours aussi calme, aussi froid, aussi maîtrisé. Durn n'éprouve strictement aucun remords. Il se préoccupe seulement de savoir s'il pourra bénéficier pendant la nuit d'une cellule seul et d'un coin douche pour le lendemain. Évoquant les faits tant avec les enquêteurs qu'avec le procureur, Durn ne manifeste strictement aucun sentiment de culpabilité, adoptant une attitude parfaitement maîtrisée dans son élocution, pouvant parfois être perçue comme à la limite de la provocation. »

Quand Durn est entendu dans les locaux de la brigade criminelle, il fait très beau. La chaleur est accablante dans ces bureaux. Le Velux est ouvert dans cette pièce sous les toits où les services de police mènent l'interrogatoire. Comme tous les gardés à vue, afin qu'ils ne se pendent pas dans leur cellule, on lui a ôté ses lacets de chaussures.

Version officielle : à un moment, il s'est levé et s'est jeté par le Velux. Le policier a essayé de le retenir par sa chaussure, sans succès. Durn s'écrase plusieurs étages plus bas, manquant de peu faire une neuvième victime, une avocate qui passait juste à ce moment-là. Décidément, il était vraiment diabolique jusqu'au bout. Version officieuse : l'ayant mis en confiance pendant l'interrogatoire, les services de police le laissent quelques instants récupérer non menotté, il en profite pour ouvrir le Velux et se jeter par la fenêtre.

À propos de la mort de Richard Durn, le même rapport officiel d'Yves Bot observe que « les circonstances de cet acte suicidaire ont été examinées par deux enquêtes, l'une administrative menée conjointement par l'Inspection générale des services de la police nationale et l'Inspection générale des services judiciaires ainsi que par une autre enquête, exclusivement judiciaire celle-là, diligentée par le Parquet de Paris afin d'établir les causes du décès de Durn ».

Et le rapport du procureur de préciser :

« Ces deux enquêtes ont conclu de la même manière à ce qu'il n'y avait aucune faute à reprocher au service enquêteur. »

D'après les médias, la police n'a pas suffisamment surveillé le détenu. La police n'a pas joué son rôle ? Personnellement je n'y crois pas, mais peu importe. Quel soulagement ! Durn a choisi de mettre fin à sa triste existence et même la façon dont il allait mourir. Mes collègues n'ont pas eu cette chance, celle de pouvoir faire ce choix. Durn leur a imposé une mort qu'aucun d'eux ne désirait. Je suis convaincue qu'en raison de son intelligence et de son machiavélisme il aurait sans difficulté joué la comédie pour passer pour irresponsable aux yeux de la société et de ses juges. Trop facile. Les vies brisées ne se reconstruisent jamais sans laisser au fond du cœur des blessures irrémédiables. Ces blessures, même cicatrisées, nous laissent une sacrée fêlure dans nos vies et dans notre tête. Et puis, qu'aurait bien pu nous apporter un procès si Durn avait survécu ? Nous aurions été, dans deux ans, dans trois ans, en face de notre agresseur. Il nous aurait fallu revivre le traumatisme, la violence et la mort. Cela aurait été comme entrer une nouvelle fois dans cette salle maudite pour nous faire canarder ! Peut-être même se serait-il montré méprisant, suffisant face à nous ? Non, c'est très bien qu'on n'ait pas eu à supporter cela en plus.

Ma conclusion est donc simple : Durn est mort ! Et alors ?

C'était un monstre qui n'a eu aucune pitié pour nous. Il a tué des gens qu'il ne connaissait pas pour la plupart d'entre eux. Il les a tués parce qu'ils étaient les élus d'une société qu'il tenait pour responsable de ses échecs personnels.

Non, il ne manquera pas à la société. Il lui a déjà coûté bien trop cher. N'est-ce pas avec l'aide du RMI qu'il a pu acheter toutes ces armes et commettre ses crimes ? C'est lui-même qui l'a dit au procureur Yves Bot : « Vous comprenez, monsieur le procureur, l'ironie du sort c'est que c'est avec l'argent de la société que j'ai réussi à faire cela ! »

En poussant jusqu'à l'absurde le raisonnement de Richard Durn, ce sont ses propres victimes qui ont financé l'achat des armes qui les ont tuées. À ce compte-là, on pourrait presque inverser les rôles et nous déclarer coupables ! Quel être cynique !

L'après-midi du jeudi 28 mars, les médias m'ont donné rendez-vous pour plusieurs interviews. Je dois voir deux journalistes de *Paris-Match*, puis une journaliste du *Monde*. Je ne me suis pas immédiatement rendu compte de l'impact médiatique que cet événement avait pris.

Les deux journalistes de *Match* se montreront extrêmement humaines et compatissantes. Elles ne me brusqueront pas et resteront tout à fait correctes dans leur récit malgré les quelques erreurs que nous avons tous pu relever dans tous les médias. Pas un journal n'a restitué exactement les faits tels que nous les leur avions relatés. Pourtant, nous les avions aidés à comprendre et tenté de leur expliquer ce qui s'était passé. Je regrette que le sensationnel prenne souvent le pas sur la réalité. L'obligation de vendre est devenue plus importante que l'information elle-même. J'avoue avoir été choquée par ces comportements. Je ne pensais pas que la vérité puisse être aussi malmenée ou tronquée.

Je rencontre la journaliste du *Monde* juste après mon entretien avec ses consœurs de *Paris-Match*. Je la reçois chez moi. Je réponds spontanément à toutes ses questions. Au bout d'une heure, je lui fais comprendre que j'ai une réunion à la mairie avec les élus survivants afin de préparer les obsèques des victimes. Elle me demande si je peux l'introduire dans les lieux et si j'accepte de lui accorder une autre interview après ma réunion. Je ne sais pas comment cela se passe sur place, mais je lui propose gentiment de l'emmener en voiture afin qu'elle retrouve ses collègues.

La mairie est entièrement bouclée. Une nuée de journalistes, à l'affût du « renseignement », nous attend avec des micros, des perches, des caméras. C'est vraiment impressionnant. Nous sommes tous épuisés et nous avons l'impression d'être, de plus, harcelés. Nous ne sommes pas préparés à ce battage qui semble tellement dérisoire comparé au drame que nous avons vécu. Tout nous semble si petit, si éloigné de notre douleur. Je rentre seule dans la mairie car les représentants de la presse et toute personne autre que les élus de Nanterre ne sont pas autorisés à rentrer et je ne peux déroger à cette règle même pour la journaliste du *Monde*. Tout est calme. Je revis les moments où, deux jours plus tôt, je montais cet escalier avec mon ami Pascal, je revois tous mes amis ou collègues morts, je suis assaillie de souvenirs. Tout a été nettoyé bien sûr, mais pour moi, tout est resté comme cette nuit-là. J'aimerais que l'on puisse faire le même ménage dans ma tête car, pour moi, le sang est toujours dans l'escalier, les bretzels, les brancards, les blessés, les morts, le chaos, tout y est…

Je prends sur moi, je dois être forte, je suis forte, pas de faiblesse, je n'en ai pas le droit.

Nous nous retrouvons dans une salle anonyme, nous nous étreignons une fois encore, nous pleurons ensemble. Aucun des blessés n'est encore sorti de l'hôpital et nous nous interrogeons sur ceux qui sont entre la vie et la mort. La réunion commence par une intervention du maire, Jacqueline Fraysse. Elle semble très en colère contre la police judiciaire qui n'a pas suffisamment surveillé Richard Durn et l'a laissé se suicider. Moi, j'y suis complètement indifférente, je continue à n'en éprouver que du soulagement ! Elle insiste, essaie de charger la police nationale, se disant scandalisée. Elle trouve inadmissible que des élus aient risqué leur vie pour le maîtriser et l'empêcher de se suicider alors qu'eux, des professionnels, n'aient pas été capables de faire pareil. Je refuse de la suivre sur ce terrain-là. Je ne regrette pas ce qui s'est passé à la brigade criminelle. Comme je l'ai dit, au moins, je ne risque plus de me retrouver à nouveau en face de lui.

Son discours sur la police nationale et la prétendue incompétence dont elle a fait preuve durera relativement longtemps. Je reste étrangère à son indignation et nous sommes plusieurs dans mon cas. Des allusions sont même faites sur la possibilité qu'« on l'aurait peut-être suicidé ». Je n'y crois pas une seconde. Personnellement, je serais plutôt pour une réflexion sur les conditions de préventive, de détention et les moyens accordés aux forces de l'ordre.

La réunion continue, menée par le maire d'une poigne de fer. Elle nous donne des nouvelles des blessés qui, pour quelques-uns, resteront pendant plusieurs semaines entre la vie et la mort. Je suis vraiment très inquiète pour eux compte tenu de la gravité de leurs blessures.

Elle parle de la mise en place, la veille, de la chapelle ardente, puis du déroulement qu'elle a prévu pour la cérémonie officielle du 2 avril en commémoration des victimes. Elle seule pourra prendre la parole aidée par des acteurs qui liront les mots déposés par le public dans le registre de condoléances déposé dans la chapelle ardente. Je proteste énergiquement.

Pour moi, s'il y a quatre élus communistes et un élu Vert parmi les victimes, il y a aussi trois élus de droite, et elle semble l'oublier. Je pense qu'ils auraient préféré que je prenne la parole pour les représenter plutôt que notre maire communiste. Je demande donc à avoir également la parole lors de cette cérémonie afin de dire une prière en mémoire des huit élus. Elle refuse d'accéder à ma requête, à d'autres également. Un élu de gauche proteste timidement et se fait aussitôt remettre à sa place. Au moment de ce tiraillement politique, deux jours après la tuerie, je n'arrive pas à comprendre comment, en de telles circonstances, on peut encore faire passer la politique avant l'hommage à nos amis décédés. À cet instant précis, je doute de la nature humaine. Aujourd'hui avec le recul, je comprends que chacun a réagi à sa façon. Visiblement fatiguée et énervée par le drame, le maire était stressée, tendue et quelque peu agressive. Mais comment lui en vouloir dans pareille situation ? Chacun réagit souvent comme il peut avant de réagir comme il devrait. Moi-même ai-je réagi comme je l'aurais dû ? Bien sûr que non ! Son comportement de femme forte lui a donné une autre dimension à mes yeux.

Être de sensibilité politique de gauche ou de droite, après un drame pareil, cela ne veut plus rien dire, il ne reste qu'une chose, ce sont ces huit personnes qui sont mortes, fauchées par les balles. Au nom de quoi, au nom de qui ? Pour moi, notre conseil municipal et notre mairie ont été maudits le jour où Richard Durn a fait feu, et ce lieu reste hanté à tout jamais par la tragédie qui s'y est déroulée.

La réunion est terminée. De nouveau, nous les survivants, avons besoin de nous parler, de nous étreindre, de nous sentir vivants. Nous sommes tous en état de choc. Pour la plupart d'entre nous, les rivalités politiques se sont escamotées, effacées. La communion dans laquelle nous nous trouvons est très particulière ; quarante-huit heures auparavant, elle aurait été impensable ! Nous sommes, avant tout, des êtres humains. Nous savons que la douleur n'est pas terminée et que, malgré la terrible agression vécue, il nous reste un long chemin à faire, ensemble et individuellement, pour effacer ce drame – si cela se peut – de notre cerveau. C'est une renaissance à laquelle il va falloir travailler pour surmonter notre traumatisme.

Je sors de cette réunion vidée, fatiguée, en pleurs.

À l'extérieur, les représentants de la presse nous attendent. Ils se jettent sur nous, avides d'informations. Les témoins qui parleront seront pour la plupart ceux qui étaient absents de cette salle, les autres sont trop touchés, trop à terre, pour avoir envie d'alimenter les médias sur un drame humain d'une telle intensité. La journaliste du *Monde* qui m'avait interviewée l'après-midi chez moi me réclame l'entretien promis. Je réponds par la négative, étant trop abattue pour pouvoir parler. Elle me harcèle. Je pleure à chaudes larmes.

Dès le lendemain, cette journaliste sort un article calomnieux sur moi. Elle sous-entend n'importe quoi. Elle parle de mes relations avec Pascal Sternberg, insinuant par des adjectifs bien placés qu'il était peut-être mon amant. Mon mari et l'amie de Pascal ont dû certainement apprécier. Elle fait des parallèles entre mes opinions politiques et celles de Pascal à même de faire croire au grand public que j'ai voulu par ce biais tirer profit politiquement de l'article. De plus, elle se permet de dépeindre ma maison et ma voiture qui n'avaient absolument rien à voir avec l'article. Le sujet invoqué lors de l'entrevue était les relations amicales entre élus, non pas les prétendues relations « sexuelles » entre élus, ni le partage des idées politiques entre différents groupes ni ma vie privée.

Je n'arrive pas à m'empêcher de croire que cette journaliste, par un article diffamatoire et hors sujet, a voulu se « venger » de mon refus de la faire entrer dans la mairie et de ne plus avoir voulu lui accorder d'interview après la réunion. Ou peut-être ne partageait-elle pas les idées politiques d'une élue de droite et a-t-elle voulu faire de la politique indirectement dans cet article ? Tout cela n'est pas clair encore à mes yeux mais je vis mal le fait qu'elle se soit octroyé le droit de mélanger vie privée et vie publique, tout cela parce que je l'ai reçue chez moi.

Les jours passent, toujours pareils, emplis d'une grande activité. Je prends en charge la remise des gerbes de fleurs, avec, à mes côtés, les élus de droite encore valides. Je contacte la présidente de SOS Attentat, Françoise Rudetzki, qui m'explique ce que nous devons faire. Elle ne peut nous aider plus car la tuerie de Nanterre n'est pas assimilée à un attentat. Mais elle suggère cependant de créer une association des victimes de la tuerie de Nanterre afin de défendre nos droits. Je ferai plusieurs appels dans ce sens au travers des médias. Aucun ne sera entendu. Mais quelques mois après, j'entendrai certains élus reprendre l'idée et regretter que cela n'ait pas été fait. Les autres élus ont sans doute craint que j'en tire profit politiquement.

Des personnes m'affirment qu'aux sorties du RER de Nanterre des militants communistes réclament de l'argent à la population avec des banderoles où l'on peut lire « À nos morts ». Je n'ai jamais su si l'argent avait été donné au parti ou aux familles des victimes, ni même s'il était vrai que des militants avaient fait une quête – je suis tellement entourée de rumeurs en tout genre que je prends ce genre d'informations avec la plus grande circonspection.

Le samedi qui suit la tuerie a lieu le premier enterrement à Nanterre, celui de Jacotte Duplenne. Deux des élus, dont Christian Bouthier, sont inhumés en province. Pour moi, il n'y a aucun doute, je dois assister à toutes les cérémonies et accompagner chaque victime. C'est ce que je leur dois. Ma démarche est personnelle et symbolique. Nous devons témoigner de notre recueillement pour l'ensemble des élus, tant de droite que de gauche.

Au funérarium, je retrouve les premiers blessés qui sont sortis de l'hôpital et viennent, comme moi, se recueillir. Nous sommes très émus de nous revoir. Malheureusement, je n'irai pas très loin : au moment de rendre un dernier hommage à Jacotte, je tombe inanimée à côté de son cercueil ouvert. Dieu merci, mon mari est à mes côtés car il a remarqué mon brusque affaiblissement – j'ai perdu quatre kilos depuis l'attentat.

On me porte à l'extérieur et j'entends quelqu'un me lancer : « Vous ne pouvez pas nous foutre la paix ? »

Celui qui parle ainsi est pourtant un militant de mon bord. Encore un jaloux qui ne me supporte pas. Car cet homme, qui n'est pas un élu, mais dont je sais qu'il a toujours voulu se mêler de tout sans jamais être actif en politique, est incapable de percevoir dans quel état de fragilité je me trouve. Comment peut-il ne pas imaginer que je n'ai presque rien avalé depuis quatre jours et que je suis moi aussi victime de l'attentat même si je ne suis pas blessée physiquement ? Quel manque de compassion dans ses propos !

Mon mari, après m'avoir réanimée, me force à me coucher et à me reposer. Je tombe encore plusieurs fois entre le lieu des obsèques et notre maison et il aura beaucoup de mal à me ramener jusque chez nous. Je reste ainsi à me morfondre dans mon lit, espérant tenir le coup pour le mardi 4 avril, jour de la cérémonie officielle organisée par le maire. Nous sommes en plein week-end de Pâques, un week-end de trois jours. Toute ma famille est en province et je ne comprends pas mon isolement.

Moi je n'ai qu'une envie, c'est de renouer avec le monde des vivants. C'est complètement impossible à réaliser, compte tenu de l'état dans lequel je me trouve. Ce n'est pas seulement mon moral qui est atteint, cette tuerie m'a aussi vidée de toutes forces physiques. Je suis une loque.

J'ai envie de voir mes parents et ma sœur pour leur expliquer le danger auquel j'ai échappé. En les voyant, je souhaite me rendre compte moi-même que je suis encore vivante. Ils me manquent.

Je n'avais pas encore ressenti à ce point combien je les aimais. J'ai envie de refaire le tour de ceux qui comptent pour moi. Mes parents, mais aussi mes amis. Je veux les voir. Personne n'ose m'appeler, tout le monde s'est donné le mot pour me laisser tranquille afin que je reprenne des forces.

Je me sens punie dans mon lit : survivante, mais si loin de la vie. J'ai tellement de mal à refaire surface. Je reste seule, vidée, épuisée sous ma couette.

Je ne parviens plus à me concentrer. La lecture que j'aime tant m'est impossible. Je ne comprends plus ce que j'essaie de lire. Je suis indifférente. Les mots dansent et ne forment plus de phrases. Je m'épuise à tenter de trouver une logique à ces successions de mots qui ne veulent plus rien dire ! La vie, d'ailleurs, veut-elle dire encore quelque chose quand on a vu pareille horreur ? Comment pourrais-je m'intéresser de nouveau à la lecture ? Je n'arrive plus à croire que je pourrai un jour sortir de cet anéantissement psychologique.

La télévision est une succession d'images qui n'évoquent rien pour moi. Je vois des images sur Nanterre et la tuerie, et je les regarde sans réaction. J'ai ces images sous les yeux et c'est comme si je ne les enregistrais pas.

Richard Durn apparaît à la télévision et son image me glace : c'est ma seule réaction. Et je pleure.

Mon sommeil est très agité, visité de cauchemars où se croisent Michel Raoult et Richard Durn. L'un me donne des conseils, comme s'il avait encore tellement de choses à me dire. L'autre vient me menacer. Une nuit, j'ai vu Durn au pied de mon lit me disant : « Toi, je finirai par t'avoir, je reviendrai te tuer », et je me suis réveillée en sursaut. Je ne suis pas la seule à avoir fait ce rêve étrange. La peur ne me quitte pas et je suis obligée nuit après nuit de me blottir contre mon mari pour tenter de me rassurer et éloigner ces cauchemars qui me terrorisent.

Le 4 avril, Nanterre est en deuil. Les commerçants ont fermé leurs boutiques, les rideaux métalliques sont baissés. Tous les habitants convergent vers l'endroit où doit avoir lieu la cérémonie d'adieu à leurs élus. J'ai repris un peu de force. J'espère tenir le coup et assister moi aussi à cet hommage. L'équipe de Nanterre Maintenant est là auprès de moi, prête à me soutenir en cas de besoin.

Cette cérémonie est organisée de manière gigantesque. On dirait une grande manifestation, les portraits des élus assassinés flottent au vent sur le stade Gabriel-Péri, juste en face de la mairie. Pascal, Michel, Olivier, Monique et les autres élus se balancent à tous les coins de l'immense stade. Une tente blanche abrite les élus et les invités. Les survivants sont prioritaires et le service d'ordre nous a laissé un passage un peu à l'écart des quatorze mille personnes venues, elles aussi, rendre un dernier hommage à leurs élus. Les Nanterriens et ceux qui l'ont souhaité sont sur les gradins. Il y a un monde fou. Beaucoup sont habillés de noir, en pleurs. Tous sont unis dans le même recueillement.

Je ne peux m'empêcher d'avoir le cœur gros en voyant les photos de Michel et de Pascal suspendues ainsi à des pylônes. Qu'en auraient-ils pensé ? Ces photos ne leur ressemblent pas. Je ne reconnais pas Pascal dans ce garçon joufflu. Michel était aussi très pointilleux à propos des photos destinées à être vues de tous. Pour moi, tout cela est trop tape-à-l'œil. Je ne suis pas sûre que l'un et l'autre auraient aimé cette mascarade.

Je ne suis pas la seule à avoir réagi de la sorte. *Le Monde* du 4 avril ne s'y laisse pas prendre et publie un article assez incisif contre le député-maire. La journaliste remarque par quelques phrases assassines l'attachement de Jacqueline Fraysse au parti communiste auquel elle rend gloire indirectement à l'occasion de cette cérémonie calquée sur celles organisées par les anciennes républiques soviétiques. Elle prononce son discours préparé avec soin sans ciller, sans l'ombre apparente d'une émotion, et cela lui vaudra d'être surnommée « Maire Courage ».

Mais je me dis : « Quel courage a-t-elle eu puisque nous avions l'interdiction de prendre la parole comme je l'avais demandé lors de la réunion de préparation et où elle avait tout organisé et choisi seule ? La cérémonie, les fleurs, les photos avec leur bandeau noir, le fond musical, tout a été choisi collégialement... par elle seule. En tout cas, pas par nous, conseillers municipaux d'opposition qui n'avons même pas été consultés, à peine informés. » Mais pouvait-elle faire autrement ? Qu'aurais-je fait à sa place ?

Je ressens tout cela comme une profonde injustice qui vient s'ajouter à ma fatigue morale et physique. Trois des « nôtres » sont tombés sous les balles de Richard Durn, deux autres ont été grièvement blessés. Sur neuf élus de droite présents, cinq ont donc été tués ou blessés... plus de la moitié. N'avions-nous pas aussi légitiment le droit de nous exprimer sur ce sujet au même titre que les autres... mais étant élus minoritaires et non communistes, le silence nous a été imposé ! Nous aussi avions le droit de dire au revoir à nos collègues de manière officielle.

Des comédiens, la voix vibrante d'émotion, lisent des phrases choisies avec soin dans le registre laissé à l'intention du public dans la chapelle ardente. La cérémonie pour nous est pénible, nous devons tenir le coup, ne pas pleurer, rester impassibles. Je me sens épiée. Toutes les caméras de télévision sont braquées sur les familles des victimes et sur nous. Mon esprit reste aux aguets, j'ai peur d'un attentat et ne peux m'empêcher de surveiller la foule, à la recherche d'armes éventuelles.

Quatorze mille roses blanches sont distribuées aux personnes venues rendre un dernier hommage à leurs élus. La cérémonie est enfin terminée, nous sommes salués par les autorités de l'époque : Jacques Chirac, Lionel Jospin ; toutes les grandes figures du monde politique sont présentes. Plus encore en raison des élections présidentielles qui approchent.

Mes amis et collègues, élus du département, essaieront en vain de me retrouver.

Épuisée, à la fin de la cérémonie je tombe, une fois de plus, évanouie, dans les bras d'un de mes amis. Les secours arrivent et me transportent en ambulance jusqu'à mon domicile. Les secouristes ont fait un travail remarquable tant pendant la nuit du drame que dans les jours et les semaines qui ont suivi où nous avons tous été physiquement et moralement mis à mal.

L'enterrement de Pascal Sternberg a eu lieu à Bagneux, en même temps que la cérémonie officielle. Je n'ai donc pu aller lui rendre un dernier hommage, j'en suis très triste. Mais d'un autre côté, cela aurait été peut-être trop éprouvant pour moi. Je n'étais pas prête. Aujourd'hui encore, je ne peux aller me recueillir sur sa tombe. C'est ma façon à moi de nier l'évidence… même si je l'ai vu mort !

Trop jeune et trop proche de moi pour que je puisse admettre qu'il soit mort ! Impossible ! Je le vois tellement vivant encore, j'entends encore sa voix au téléphone et je relis si fréquemment les mails qu'il m'envoyait.

À Nanterre, les enterrements se succèdent. Celui d'Olivier Mazzotti l'après-midi même, dans une cathédrale Sainte-Geneviève comble. Étant épuisée, alitée à la maison, je ne peux y aller. Celui de Michel, le lendemain, auquel j'ai pu assister, soutenue une fois de plus par mon association. Cette messe d'enterrement m'a beaucoup émue. La foi catholique dont la famille de Michel fait preuve est une vraie leçon de courage et d'humilité. Quelle ferveur, quelle union dans la prière ! Ses trois filles ont été particulièrement émouvantes. Chacune d'elles a commencé sa lecture par le mot « papa ». L'émotion dans la cathédrale était à son comble. Ses trois filles sont venues le remercier de leur avoir tant donné. Tant d'amour. Michel était un homme de foi, de conviction et, s'il avait des idées politiques bien arrêtées, il était l'intégrité même. Michel a pris la dimension d'un homme à part qui laisse derrière lui un vide sidéral. Un homme et un compagnon qui nous manquent beaucoup.

Le dernier enterrement est celui de Monique Leroy-Sauter. Allant mieux physiquement, j'y assiste aussi. Je me sens très mal pendant cette bénédiction. Le petit cercueil où je la devine me renvoie à moi-même. Elle était jeune et elle avait une petite fille de dix ans qu'elle laisse derrière elle. Pourquoi elle et pas moi qui ai une petite fille sensiblement du même âge que la sienne ? J'ai parfois le sentiment que j'aurais pu, que j'aurais dû être à sa place. Moi couchée dans ce cercueil et non elle.

En marge de ces journées épouvantables ont lieu quotidiennement les mises au point et les règlements de comptes sordides de tous ceux qui se permettent de juger hâtivement et voudraient absolument se mêler de tout et avoir un avis sur tout.

Un élu Vert a lu l'article diffamatoire du *Monde*. Alors que je l'appelle pour avoir des nouvelles d'une blessée de son parti, il laisse éclater sa colère. La tristesse d'avoir perdu Pascal a déclenché en lui une profonde révolte et il croit de façon injuste que j'ai cherché à récupérer politiquement ma relation avec Pascal. Il n'a pas encore compris que la plupart des articles que nous lisons sont plus proches du sensationnel que de l'information exacte. Je suis si peu préparée à une telle réaction de sa part que j'en reste complètement abasourdie. Il connaissait les liens que j'avais avec Pascal et sa manière très brutale de réagir m'a beaucoup choquée. Je lui ai écrit une lettre et j'espère pour lui qu'il a compris aujourd'hui son erreur. Il viendra me saluer comme si de rien n'était au premier conseil programmé après l'attentat. Je ne lui en veux plus, même s'il m'a fait beaucoup de mal sans le vouloir. J'ai désormais pris conscience que sa réaction n'était pas tant liée à moi qu'à un contexte qui fait qu'on ne réagit plus normalement. Malgré tout, je ne me suis jamais remise tout à fait de cette agression verbale. Il ne s'est pas rendu compte du traumatisme que ses paroles m'ont fait vivre. Cette agressivité après l'attentat a été sa façon à lui de réagir au drame…

on ne peut même pas lui en vouloir. Je lui ai pardonné, mais, à cause de lui, j'ai peur.

On développe parfois une phobie ou d'autres types de réactions du même genre après un grand traumatisme. Cette phobie se déclenche au moindre fait anodin. Une agression verbale de ce genre m'a véritablement renvoyée à la violence de Richard Durn et a agi comme un détonateur. J'ai alors revu Durn partout et j'avais tellement peur de lui que je ne pouvais plus sortir de mon bureau, à mon domicile. Aller dans mon jardin était impossible. Je m'enfermais, complètement dominée par ma peur. J'ai ensuite fait l'effort surhumain d'assister à l'enterrement de Monique mais j'étais vraiment traquée. J'avais l'impression que la personne assise devant moi dans l'église allait se retourner et me tirer dessus. Je lui trouvais un air menaçant, bizarre, qui ne m'inspirait pas confiance. D'ailleurs, je n'avais plus confiance en personne.

Les enterrements terminés, mon mari projette de m'emmener dès la fin de la semaine en Bretagne pour retrouver des forces et surtout m'éloigner au plus vite de Nanterre et de son climat morbide. Il pense que quitter ce lieu où j'ai tant souffert, ne serait-ce qu'un week-end, me permettra de repartir d'un bon pied. Mes parents, qui m'accueillent, sont adorables mais veulent sans cesse que je leur raconte la scène à laquelle j'ai assisté. Pour ajouter à mon angoisse, j'ai toujours l'impression que l'on me reconnaît partout où je passe. On m'a vue à la télévision et dans les journaux, notamment *Paris-Match*, et bêtement, je ne me sens plus nulle part anonyme.

De retour à Nanterre, je suis confrontée à un nouveau problème. Si cette tuerie a généré énormément de messages de soutien pour nous, elle a aussi provoqué chez quelques individus des réactions pour le moins étranges d'agressivité extrême. Je ne compte plus les lettres de menace que je reçois, personnellement ou non. Elles arrivent très régulièrement et massivement à la mairie pour nous dire que le travail inachevé de Richard Durn va être repris. Comment oublier, par exemple, ce bulletin de vote retrouvé lors des élections présidentielles, signé « le tireur » et qui nous menaçait anonymement ? Le président du bureau de vote, élu présent le 27 mars, en est resté muet d'horreur. Ou cette femme en instance de divorce qui m'écrit une lettre pensant que j'avais une liaison avec son mari, me prenant manifestement pour une autre femme pourtant facile à identifier ? Ou encore ces deux personnes identifiées, dont l'une a été condamnée à six mois de prison ferme, venues agresser physiquement les hôtesses à la mairie de Nanterre ? Et pour clore cette liste déjà longue mais loin d'être exhaustive, comment oublier ce passant qui me dira « qu'il est tout à fait normal de se faire tirer dessus dans un conseil et que c'est bien fait pour nous » ?

J'avoue avoir été choquée, médusée, interloquée de la réaction de certains esprits dérangés. Ces personnes, par jalousie ou je ne sais quelle autre raison, ont tenté de nous déstabiliser psychologiquement en nous agressant verbalement ou par le biais de lettres anonymes. Je ne peux comprendre. Je m'interroge surtout sur la bonne santé mentale de quelques personnes qui nous entourent et dont nous ne pouvons soupçonner la violence cachée.

Portrait d'un *mass killer*

Les sociétés modernes ont engendré des hommes qui ne veulent plus mourir seuls mais entraînent dans leur folie ou leur acte suicidaire des innocents autour d'eux. Ces mêmes sociétés modernes leur ont donné un nom. Les Américains les ont baptisés *suicide killer*. Être un *suicide killer*, c'est faire le maximum de victimes en un minimum de temps et mettre fin à ses jours ensuite ou se faire tuer pendant le drame. Nous avons logiquement traduit les « tueurs-suicides ». Il existe aussi les *mass killers* ou « tueurs de masse ». Les psychiatres, pour leur part, les appellent « suicidés altruistes » en référence souvent aux parents déprimés qui n'hésitent pas à assassiner leurs enfants ou leurs proches avant de se donner la mort.

Ce qu'a fait Richard Durn n'est hélas pas le premier cas en France. Mais le phénomène reste heureusement encore assez marginal aujourd'hui dans notre pays. Je crains pourtant que l'on n'assiste de plus en plus à ce genre d'acte de démence en France et par le monde tant notre société compte de désespérés, désemparés et autres dépressifs. Un mois jour pour jour après la tuerie de Nanterre, en Allemagne, un jeune homme de dix-sept ans, sans histoire, tire sur ses camarades et professeurs gratuitement. Il tuera seize personnes avant de mettre fin à ses jours. Lorsque j'entends cela à la radio, j'en ai la chair de poule, et pour moi, c'est comme si je revivais le drame du conseil municipal de Nanterre.

Peut-être les gens voient-ils trop l'existence par rapport à eux-mêmes, à ce qu'ils auraient voulu être, à ce qu'ils n'ont pas pu être. Vite, très vite, ils envient le voisin, la voisine et l'autre d'une façon plus générale. Dans le monde où je vis, je ne vois plus de respect ni d'échange entre les individus mais, de plus en plus, de la rivalité. La jalousie interfère dans les rapports aux autres. Je ne peux m'empêcher d'être convaincue que la violence à la télévision, dans les médias, celle que véhiculent pernicieusement les jeux vidéo, a donné naissance à de nouvelles formes de violence. La publicité faite par les médias autour de ce genre de drames contribue involontairement à en provoquer d'autres, renforçant ces processus de destruction et de mort. Comme si les tueurs voulaient faire plus et mieux. Une sorte de compétition, de concours. Une banalisation du crime et de la mort, une perte des valeurs morales et religieuses, la fameuse « démission » des parents mais aussi de nos institutions, des médias sans pudeur entraînent chaque jour un peu plus la dévalorisation du prix de la vie de l'autre. C'est ce que je pensais déjà bien avant de voir la violence meurtrière en action, c'est ce que je pense encore plus maintenant.

Lorsqu'on a été confrontée, comme moi, à un acte inhumain, on ne peut que chercher à comprendre qui est le sujet d'une telle barbarie : un homme ? un robot ? et ce qui l'a mené à agir ainsi. On cherche à comprendre. On cherche un lien logique. On se fait un portrait du tueur. Voici le mien, tiré de ce que j'ai vu, de ce que j'ai lu sur le sujet et sur lui. Je ne parle pas en spécialiste, en psychiatre ou en psychologue, je parle en tant que victime qui cherche à reconstruire son histoire, une histoire qui a, lors d'une nuit fatale, croisé une autre histoire : celle d'un dingue.

Richard Durn a trente-trois ans, il est grand, brun, plutôt beau garçon. Au conseil du 26 mars au soir, je le remarque à plusieurs reprises, car il parle souvent avec Pascal. C'est la première fois que je note sa présence alors que, d'après ses déclarations à la police, il a assisté systématiquement à tous les conseils municipaux depuis les élections de mars 2001.

Il porte un pantalon de velours noir et une paire de chaussures de marche. Il a un sac à ses pieds, comme ceux de nos enfants, genre Nike. Ce sac est déformé par des bosses, probablement les armes qu'il détient. Il sortira téléphoner à sa mère, lui laissant un message sur son répondeur : « Ne t'inquiète pas, demain tout sera réglé. »

Ce soir-là, il se rendra aussi à plusieurs reprises dans les toilettes de la mairie. Le procureur, Yves Bot, nous expliquera par la suite que c'est là qu'il s'est armé.

Il a un regard très spécial, un peu fixe. Ce regard se pose sur vous sans vous voir. Mais, maintenant, dès que je croise un regard de cette intensité dans la rue, mon sang se glace dans mes veines.

Lors du conseil municipal, il est en apparence très calme, très sûr de lui. Un témoin déclare : « J'avais remarqué qu'il avait un visage plus fermé que d'habitude, en tout cas ces derniers temps où il était assez fermé et sombre, et aussi qu'il apparaissait comme très concentré, il donnait l'impression de ne pas avoir de mouvement à la manière d'une statue. Mais je n'ai rien remarqué de particulier. » Il change beaucoup de place. Je l'aperçois à plusieurs reprises et à différents endroits dans la salle. Une seule chose le trahit, ce sont les coups de pied qu'il donne dans une chaise devant lui où est assise Rachida, membre de notre association Nanterre Maintenant.

Visiblement, le conseil est trop long à son goût. En fait, il avait peut-être hâte de commettre son acte de criminel, de fou. Cette attente pour tuer ses futures victimes était sans doute interminable pour quelqu'un d'aussi déterminé et dénué de toute compassion.

Quel parcours ou quels traumatismes ont bien pu transformer un militant de base du parti socialiste dans les années 1990, puis membre d'une association nanterrienne Réinventons Nanterre (scission de la majorité de la gauche actuelle), militant Vert et trésorier de la Ligue des droits de l'homme section Nanterre-Rueil-Suresnes en assassin ? En *mass killer* ?

Richard Durn est né le 3 décembre 1968 de père inconnu. Sa mère est slovène. Elle parle assez mal le français et a travaillé dans une usine comme ouvrière, puis par la suite est devenue femme de ménage. Mariée, elle a eu, auparavant, avec son mari une petite fille, la demi-sœur de Richard Durn, âgée d'une dizaine d'années de plus que lui. Son mari et elle se séparent et il emmène l'enfant avec lui. Elle mettra plusieurs années à récupérer la garde de son aînée.

Durant cette période, elle a une aventure et se retrouve enceinte. Elle met au monde Richard sans toutefois accepter et aimer cet enfant qui vient contrarier le cours de sa vie. Le père abandonne mère et enfant dès la naissance du petit Richard. Ils vivent à Nanterre, dans une maisonnette en brique rouge dans le centre-ville, une vieille impasse dans la rue Henri-Barbusse. Une impasse... un quartier à réhabiliter. Vétuste. C'est un petit garçon renfermé, timide, contemplatif. On imagine aisément qu'il est à la recherche d'une image masculine, image du père qui représenterait une autorité. Il ne la trouvera probablement jamais étant élevé par deux femmes.

Il aime sa mère et est toujours à la recherche de l'amour maternel. Je ne suis pas sûre qu'il ait été payé de retour. Sa mère et lui ne communiquent pas, ou très peu. Le silence s'est installé entre eux : les non-dits, la rancœur ont eu raison de liens filiaux naturels forts. L'atmosphère dans la maison est pesante, le strict nécessaire compose leur cadre de vie. Bon élève, il suit une scolarité normale. Il a peu d'amis, lit beaucoup, et s'interroge légitimement sur ses origines. Sa mère ne répond pas. Mais, elle lui confie un jour qu'elle aurait dû se faire avorter. Richard Durn n'était pas un enfant désiré.

On peut imaginer le traumatisme pour un enfant d'apprendre qu'il ne connaîtra jamais son père et que, de plus, ce n'était pas un enfant désiré, voulu. Donc, loin d'être un enfant de l'amour. Sa mère refuse de lui donner des explications ou une histoire à laquelle il pourrait se raccrocher. Elle n'en voulait pas et il reste une charge, un poids pour elle. Serait-il devenu un tueur avec des parents qui l'auraient choyé ? Nul ne le saura jamais.

On sent derrière cet être *a priori* fragile quelqu'un qui a grand soif d'affection et d'amour. Il téléphone à sa mère quand elle s'absente et lui dit qu'il l'aime. Aurait-il agi ainsi envers une mère chaleureuse et aimante ? Face à une image paternelle forte donnée par un père présent et affectueux ? Je n'en suis pas sûre.

Il est bon élève, passe le baccalauréat à Nanterre. En 1988, il a vingt ans. Il est fasciné par la mort, le suicide, le passage à l'acte. Néanmoins, il s'engouffre dans les études supérieures à l'université. Il obtient une licence d'histoire et une maîtrise de sciences politiques. Durant ses études, il travaille comme pion au lycée Paul-Langevin à Nanterre, un moyen comme un autre de financer ses études. Les enfants dont il a la charge au lycée parlent crûment comme savent le faire si bien les ados de cet âge et ils n'hésitent pas à le qualifier de « froid, troublé, schizo, détraqué ». Richard aime l'ordre, il ne tolère aucun écart au règlement. Il est visiblement psychorigide. Sa démarche saccadée le fera surnommer par les lycéens « Robocop » à l'image du héros américain de cinéma, mi-homme, mi-robot.

Son état psychologique se dégrade. Il n'a pas obtenu les réponses tant attendues de son entourage sur ses origines et son père. Sa santé mentale se fragilise. Il n'a pas de contact avec les femmes. Durant sa garde à vue, il déclarera pratiquer l'onanisme depuis vingt ans, il avoue avoir eu une expérience sexuelle avec une femme, c'est très peu compte tenu de son âge. Beau garçon, je doute qu'aucune femme n'ait été attirée par lui, mais il a certainement, soit par son caractère « trouble », soit par refus, limité les contacts au strict minimum. Une relation féminine lui aurait peut-être apporté ce que sa mère n'a pu lui donner. Il aurait peut-être trouvé à travers le regard d'une femme une image revalorisante de lui-même et différente de celle qu'il s'était forgée. Il aurait pu devenir un homme serein qui aurait su se faire aimer des autres et ainsi se faire une place tant désirée au sein de la société. Cette femme qu'il ne connaîtra jamais lui aurait apporté la douceur et la chaleur qui manquaient à son existence.

Il croise Gaël, un garçon qui deviendra son ami. Richard Durn est fasciné par ce jeune homme, ancien lycéen qu'il surveillait, qui revient du service militaire. Il s'intéresse vivement à cet ancien appelé et ne cesse de lui poser des questions. L'autre, heureux de trouver quelqu'un véritablement à son écoute, se laisse faire et est conquis par l'intelligence et la culture du futur tueur. Richard Durn, un jour, certainement pour fuir une amitié naissante et qui lui fait peur, incapable de pouvoir penser qu'il peut être aimé pour lui-même, fait machine arrière et lance à son ex-nouvel ami : « Je ne veux pas être ton ami, tu ne me connais pas, je suis fou ! » Propos prémonitoires. Richard Durn contacte Gaël à la suite de la tentative de suicide de ce dernier. Il veut tout savoir. Si cela lui a fait mal, quelle impression cela fait d'être entre la vie et la mort. Il le félicite d'avoir eu la volonté, la force, de passer à l'acte.

En 1995, c'est au tour de Durn lui-même de passer à l'acte en avalant une quantité importante de médicaments et en y ajoutant une grande dose d'alcool. Suivi par un psychiatre pour troubles, il a stocké les médicaments prescrits. Sa mère le trouve dans le coma et lui porte secours. Il est transporté en réanimation.

Un an plus tard, en 1996, il note dans son journal intime : « Je n'ai même pas le courage de tuer quelqu'un en espérant que cela me délivrera de toute la haine, du dégoût et de la frustration qui m'imprègnent. Cela effacera alors peut-être ce sentiment d'être le dernier à mener une vie des plus conformiste et des plus terne. Enfin je me sentirai, pour une fois, puissant. C'est ce que je me dis. » Il a alors vingt-huit ans.

Visiblement, la mort l'a toujours fasciné : la sienne et celle des autres. Il a besoin d'attirer l'attention sur lui. En tuant massivement, il est sûr que tous les regards se porteront sur lui à défaut d'avoir eu ceux de sa famille ou des autres dans son enfance…

Après ses différentes tentatives de suicide et en raison de ses idées morbides, Richard Durn est suivi en psychothérapie à Paris dans un centre universitaire d'aide psychologique. En 1998, lors d'une consultation auprès d'un médecin du BAPU (Bureau d'aide psychologique universitaire) de Paris, il exhibe devant le praticien médusé une arme dissimulée dans une sacoche. Le médecin prévient aussitôt sa hiérarchie qui alerte la DDASS (Direction départementale des affaires sanitaires et sociales) des Hauts-de-Seine ainsi que la police de Nanterre. Une inadmissible succession de dysfonctionnements dans les services de l'État va alors profiter à Richard Durn. Il semblerait qu'à partir de là la DDASS des Hauts-de-Seine ait demandé à l'un de ses psychiatres qui connaissait Durn pour l'avoir reçu après ses tentatives de suicide d'entrer en relation avec lui. Sans réponse à la convocation qu'il lui avait adressée, le psychiatre se serait rendu chez Durn accompagné de policiers. Là, le médecin laisse alors une seconde convocation car les lieux sont vides.

Durn appelle le médecin quelques jours plus tard. Fin manipulateur, il réussit à le convaincre qu'il va s'amender et échappe ainsi à une procédure d'hospitalisation dans les Hauts-de-Seine. Comment les forces de l'ordre et les médecins se sont-ils laissé berner aussi facilement ? À la décharge du psychiatre, Durn s'est engagé à continuer de se rendre en consultation à Paris. Une promesse qu'il ne tiendra évidemment jamais jusqu'à en arriver à la situation que l'on connaît. Parallèlement, en 1997, après une enquête administrative, la préfecture des Hauts-de-Seine lui accorde pour une durée de trois ans une autorisation de détention et de transport d'armes. Si incroyable que cela puisse paraître, le président du club de tir de La Garenne-Colombes émet un avis favorable ainsi que la Fédération française de tir. Pourtant, à cette date, Durn est déjà suivi depuis près de douze ans par des psychiatres. Il est dépressif chronique, a commis deux autolyses et effectué un séjour dans une maison spécialisée. Hallucinant qu'on laisse s'armer une personne avec un tel passé en toute légalité !

En 1999, deux ans seulement après son inscription au club de tir, il n'effectue pas les démarches pour renouveler son permis de détention et de transport d'armes. En janvier 2000, l'autorisation étant arrivée à expiration, la mise en demeure de rendre les armes n'est pas imposée juridiquement. Nouvelle invraisemblance : le texte de loi rendant obligatoire cette remise d'armes à la préfecture est voté le 18 novembre 2001. Or, jamais la préfecture ne demandera la restitution de ces armes, jamais les autorités ne s'inquiéteront de leur sort. Jamais le président du tir du club de La Garenne-Colombes ne se rendra compte que le permis est périmé. Dans sa déposition au sujet de la situation de Richard Durn vis-à-vis de la légalité de la détention des armes, le président du tir sportif de La Garenne-Colombes déclare que, pour lui, le criminel était parfaitement en règle. Son carnet de tir était à jour selon le registre des tirs contrôlés. Il effectuait en temps et en heure la demande d'avis préalable pour le renouvellement de ses autorisations de détention. Il avait obtenu l'avis favorable de la fédération et cet avis lui avait été envoyé par la poste. D'autre part, le président du tir sportif déclare ne pas avoir de moyen de vérifier la suite donnée par les autorités préfectorales et de police. Il ajoute que Durn a obtenu l'avis favorable de la fédération mais qu'il n'avait absolument aucun moyen légal de vérifier si les autorisations lui avaient été renouvelées.

Aucun contrôle n'a donc été réellement effectué comme le prouve cette déposition. N'arrivant pas à trouver du travail malgré ses diplômes, Durn tente de s'épanouir ailleurs et de trouver enfin la reconnaissance qu'il attend tellement. C'est là qu'il s'engage en politique, successivement chez les socialistes puis les Verts. Il côtoie aussi les associations humanitaires. Ses engagements politiques et humanitaires manquent de conviction. Selon toute apparence, il s'agit davantage de la recherche d'une famille qu'autre chose. En avril 1997, il voyage en Israël aux côtés de son ami Gaël. Au tout début, il pose un regard admiratif sur les soldats israéliens et à travers eux sur le peuple juif. Il voue une admiration sans bornes à un colon juif extrémiste qui a commis un carnage dans une mosquée palestinienne. Il va se recueillir sur sa tombe. Il adopte la kippa afin d'imiter les pratiques religieuses. Puis soudainement, après avoir été reçu par des Palestiniens chaleureux, il tourne casaque au profit de la cause palestinienne. « Ils m'ont accueilli comme un frère », dira-t-il. Encore une fois, c'est le côté affectif qui prévaut au-delà des convictions !

Durn s'engage ensuite dans des actions humanitaires à Sarajevo, participe au sommet altermondialiste à Gênes. Ces expéditions lui donnent sans doute le sentiment d'exister, de vivre autre chose que le carcan et la monotonie qu'il subit à Nanterre et où il s'est enfermé lui-même comme il le dira si bien aux policiers de la brigade criminelle quelques heures avant de sauter par une fenêtre : « J'ai toujours vécu dans une prison mentale dont j'étais le propre geôlier. » C'était donc lui qui détenait les clés de sa propre prison… et c'est aussi lui qui n'a pas fait le nécessaire pour en ouvrir les portes. N'était-ce finalement pas plus facile de se laisser aller comme il l'a fait plutôt que de lutter et d'essayer de s'insérer dans la société ?

Il aide l'association locale de la Ligue des droits de l'homme en étant son trésorier. Puis petit à petit, même cet engagement humanitaire qui aurait pu être un faire-valoir ne trouve plus grâce à ses yeux. Il se juge « nul, incapable, lâche, con, se dégoûte »… Finalement, un manque profond d'estime de lui-même : « Je ne m'occupais même plus de mes démarches administratives. Je les faisais toujours en retard car je me disais à quoi ça va me servir, car je ne dois ni ne veux plus vivre. Je m'étais engagé depuis longtemps dans une logique de mort et de destruction, je ne voyais pas comment je pouvais changer le cours des choses […]. N'ayant rien conquis, rien à transmettre, je voulais tuer plutôt que de finir en prison, à l'hôpital psychiatrique ou encore clochard. »

Il pensera avoir tout tenté. La politique chez les socialistes puis chez les Verts, les droits de l'homme, l'humanitaire, la culture, mais sans jamais assouvir sa soif de connaître ses origines paternelles. Une fuite tous azimuts qui ne réglait pas le véritable problème : son instabilité chronique, sa dépression, sa morbidité et la communication avec sa mère. Son incapacité à communiquer et à aller vers les autres l'aura enfermé dans un processus de destruction et d'autodestruction.

Sur quoi alors pouvait-il focaliser sa haine ? Sa mère ? Il l'aime, même s'il n'a pas obtenu ce qu'il attendait d'elle : de l'amour, de l'affection, un dialogue franc. Il ne peut donc s'en prendre à elle car c'est peut-être la seule personne de sa vie qui représente une attache réelle. Pas d'entourage proche à part sa sœur qui semble inexistante et Gaël avec qui il finit par se heurter à cause de son caractère de malade.

Il se déteste, c'est entendu, il veut se tuer, il l'a prouvé à plusieurs reprises. Se suicider serait, pour un esprit dérangé et autodestructeur comme le sien, une solution, sa solution. Mais ce suicide le maintiendrait dans l'anonymat le plus complet. Ce suicide ne le sortirait pas de sa médiocrité quotidienne. Il serait mort, c'est tout ; plus personne ne parlerait de lui, ne se souviendrait de lui. Il faut donc qu'il disparaisse en faisant un coup d'éclat. Un coup de maître ! Mais maintenant contre qui, contre quoi va-t-il pouvoir exprimer sa rancœur de la société qui, croit-il, n'a pas su, n'a pas voulu et l'a rendu comme il est ?

Il déteste Nanterre qui lui rappelle son enfance étriquée, son milieu modeste, ses origines incertaines, son vagabondage intellectuel et cérébral. Il hait cette ville pour ce qu'elle lui signifie. Tel un miroir déformant, elle lui renvoie de lui-même l'image d'un être raté malgré une intelligence supérieure à la moyenne. À l'instar des extrémistes qui trouvent toujours des boucs émissaires pour justifier leur politique ou leurs idées, Richard Durn ne se remet pas en cause. Son échec n'est pas sa faute mais celle des autres. Qui est responsable ? Qui sont les responsables ? Sûrement pas lui, bien sûr !

À Nanterre, ceux qui représentent l'autorité, le pouvoir dans l'esprit dérangé de Richard Durn, ce sont tout naturellement les élus locaux. Il s'était rapproché un moment des socialistes puis des Verts. Il a même tenu les bureaux de vote aux dernières municipales pour eux. Ces élus, il leur en veut. Il en est jaloux. Jaloux de leur « notoriété », jaloux de leur position sociale de « mini-élite » locale. Il les déteste. Il veut les dégommer. Le coup de pub qu'il en retirera le fera sortir à tout jamais de sa médiocrité et de l'anonymat… même si c'est pour plonger lui aussi dans la mort et le néant.

Pourquoi tant de haine pour ces élus ? Leur engagement bénévole, leur combat contre la misère et les injustices les font s'affronter mais ne manquent pas de rejaillir sur eux et leur valent, en définitive, une certaine aura et une certaine reconnaissance bienveillante. Finalement, il en est tout simplement jaloux. Jaloux qu'ils siègent au conseil municipal, dans cette assemblée un peu solennelle. Ce petit hémicycle important par sa signification et la parcelle de pouvoir que détiennent ces élus.

Ce n'est pas un hasard si Durn choisit cet endroit plutôt que le marché du dimanche précédent comme il l'avait laissé entendre à sa mère (on est en pleine période électorale et les élus sont en campagne) ou le dimanche 11 novembre 2001 – jour du traditionnel défilé en mémoire de l'Armistice de la guerre de 1914-1918 – devant le monument aux morts. La salle du conseil municipal, elle, a quelque chose de grave. C'est vrai qu'une certaine fierté étreint nos cœurs quand nous nous asseyons à nos places. À travers nous, élus, ce sont bien des symboles qu'il a voulu atteindre – ceux de la démocratie et de la République : les institutions !

À cette époque déjà, il est en possession de plusieurs armes. Il s'entraîne très régulièrement et c'est un excellent tireur. Lorsque à plusieurs reprises, il déclare à sa mère qu'il va tirer sur des élus, il lui parle de la cérémonie du 11 Novembre, mais lui dit que ce n'est pas encore le moment. Je ne peux vraiment pas m'expliquer le comportement, l'inconscience de cette femme. Elle connaît suffisamment son fils et le sait psychopathe. Elle sait qu'il a déjà menacé un médecin. Elle l'entend proférer ces nouvelles menaces. Elle sait aussi qu'il est armé jusqu'aux dents et reste complètement inactive et silencieuse. Elle est grandement responsable elle aussi de ce drame. Si elle avait été attentionnée, elle aurait prévenu les services de police qui auraient confisqué ses armes à son fils, faute de permis de détention, et l'auraient fait hospitaliser. Huit personnes innocentes seraient aujourd'hui toujours vivantes ainsi que Richard Durn qui aurait peut-être accepté ou été obligé de se soigner enfin. Après le carnage de la mairie, on peut s'interroger mille fois sur la valeur de l'enquête administrative qui a autorisé Richard Durn, malade psychologique, à détenir des armes.

Mais aussi sur le travail non effectué par la préfecture qui n'a pas confisqué les armes. Le président du club qui n'a pas vérifié que l'autorisation était à jour n'est-il pas lui aussi fautif ? Le manque de rapprochement entre le Richard Durn menaçant de mort son psychothérapeute et le Richard Durn dangereusement armé et s'entraînant dans un centre de tir n'a-t-il pas eu non plus des conséquences ? La présence de portiques détecteurs d'armes à l'entrée de l'Hôtel de Ville dans une administration aussi importante que la mairie de Nanterre, une ville de quatre-vingt-quatre mille habitants, nous aurait-elle protégés ? La préfecture et l'Hôtel du Département (conseil général), situés tous deux à côté de la mairie, en sont bien entendu équipés. J'apprendrai d'ailleurs par la suite que

Richard Durn assistait également à toutes les séances du conseil général. Ce qu'il a fait dans la salle de notre conseil municipal, il n'a pu le faire au conseil général grâce aux précautions d'usage et légitimes. Toutes ces erreurs répétées ont coûté trop cher en vies humaines et restent pour moi impardonnables.

Depuis mon élection au conseil municipal en mars 2001, j'avais un étrange pressentiment. Pendant les conseils qui durent toujours plusieurs heures, j'étais obligée de me rendre souvent aux toilettes. Chaque fois, j'évoquais cela en plaisantant avec mes collègues et en demandant toujours à quelqu'un de m'accompagner car l'étage auquel nous nous trouvions était totalement désert. La mairie étant ouverte à tous vents, il aurait été facile d'y agresser quelqu'un, qui plus est une femme, et j'ai l'impression que cet étrange pressentiment n'est pas sans rapport avec ce qui est arrivé.

En effet, Richard Durn, avant la fin du conseil, est parti aux toilettes s'armer et engager la première balle dans la culasse de l'arme. J'avais donc raison d'avoir peur de ce lieu car ce sont bien dans ces mêmes toilettes qu'il s'est rendu. Je n'ose imaginer ce qu'il aurait fait s'il était tombé par hasard sur une personne à ce moment-là. Il l'aurait certainement tuée et aurait fait d'elle sa première victime. Il était tout à fait anormal que n'importe qui puisse se balader dans la mairie aussi bien les soirs de conseil municipal que dans la journée sans y être contrôlé.

À la suite à ce drame, il serait bien légitime de s'interroger sur le suivi psychiatrique régulier obligatoire de chaque détenteur d'armes, sur le rapprochement nécessaire entre les différentes administrations contrôlant les détenteurs d'armes et celles contrôlant les personnes ayant menacé autrui ou sur les individus aux casiers judiciaires chargés. Les choses qui vont sans dire vont parfois mieux quand on les écrit : les armes à feu sont terriblement dangereuses et contribuent chaque année à de nombreux drames : suicides, tueries au sein d'une famille, meurtres, règlements de comptes, absurdes bavures… Une réflexion sans indulgence est nécessaire pour trouver une solution afin de diminuer ce genre de risque. Mais aujourd'hui plus personne n'y songe ! Il faut un événement médiatisé pour que le débat rejaillisse, mais une fois de plus, les mesures prises seront trop tardives pour économiser des vies innocentes.

Richard Durn était un malade mental profond, introverti. L'affaire est entendue, mais c'est surtout le laxisme des administrations de l'époque qui a permis à cet homme de commettre cet acte de folie. En faisant toutes ces recherches pour écrire ce livre, en couchant les mots sur le papier et en réécrivant d'un bout à l'autre l'histoire de ces « cinquante-cinq secondes » et de leurs conséquences, j'en arrive pourtant à trouver cet homme que je hais touchant de faiblesse. Je le répète : je n'ai aucune indulgence pour lui et même si j'ai trouvé refuge dans la prière après l'attentat, jamais je n'ai été capable de pardon. J'espère cependant qu'un jour je le pourrai, je l'espère pour moi, pour que Richard Durn n'ait pas aussi gagné sur ce tableau-là, en entamant ma capacité de compassion.

Durn était tellement malade dans sa tête qu'il n'a pas eu la possibilité de sortir du carcan dans lequel il s'était enfermé. Il aurait pu, j'en suis sûre, trouver du travail, un centre d'intérêt… mais c'est comme s'il s'était lui-même maudit et enfermé dans une spirale de l'échec et du mal. Un magistrat qui l'a interrogé pendant la nuit du 27 mars m'a confié qu'il n'y avait rien à attendre de lui et qu'il était « l'incarnation du mal sur terre ». Condamné, il n'aurait jamais regretté son geste. C'est absurde de le dire ainsi mais Durn a réussi, pour la première fois, à mener à bien l'un de ses projets personnels. Il a réalisé de bout en bout un plan auquel il s'est préparé depuis de longues années : tuer des innocents et mourir en devenant célèbre. Peu importe d'ailleurs pour lui que ce fût tristement célèbre. Son plan diabolique s'est déroulé comme il l'entendait jusqu'au bout et aucune personne n'a pu réellement s'interposer. Ni les psychiatres, ni sa mère, ni les policiers, ni les pouvoirs publics. Personne n'a pu, ni su empêcher ce geste pourtant clairement annoncé par Richard Durn lui-même. Du reste, ne l'avait-il pas si intentionnellement annoncé dans l'espoir que quelqu'un l'en empêcherait ? Ne pensait-il pas ne pas pouvoir aller jusqu'au bout ? On ne le saura jamais. Mais la question mérite d'être évoquée.

Parcours de vie

Rien dans mon passé ne me prédestinait à me retrouver conseillère municipale dans une pièce qui vire au drame. Il fallait vraiment jouer de malchance pour se retrouver là en ce soir tragique. Il y a tant de conseils municipaux en France où il ne se passe rien d'autre que de tout à fait normal pour ces lieux : faire de la politique locale et entériner la façon de gérer la ville.

Pourtant, des drames, j'en avais déjà vécu. Je pensais en avoir eu ma part. Beaucoup de personnes sont poursuivies tout au long de leur vie par la fatalité et les drames successifs. Cela doit être malheureusement mon cas. Quelques-uns de mes amis m'appellent « le chat noir », comme si, en plus, c'était ma faute !

Des tragédies comme la maladie mentale qui se déclare tout d'un coup chez mon premier mari, sa violence physique, puis le suicide de ma sœur lorsque j'avais vingt-cinq ans, le cancer de ma belle-mère, et plusieurs accidents de moto venus m'arracher des amis que j'aimais tant m'avaient fait déjà comprendre la fragilité d'une existence. J'avais compris prématurément la fragilité de la vie et la rupture brutale qu'est la séparation lorsque survient la mort d'un proche.

Mon premier mari bascula soudainement dans la maladie alors que nous attendions notre premier enfant. Rien ne m'avait permis de déceler des signes avant-coureurs de sa folie. Il était charmant, gentil, travailleur, toutes les qualités pour réussir une vie de famille parfaitement épanouie. Notre avenir et notre chemin ensemble étaient assurés dans un amour partagé. La maladie mentale a modifié le cours de notre vie et brisé définitivement les liens affectifs de notre couple. J'étais alors enceinte de mon fils aîné. J'étais très jeune. J'ignorais à l'époque l'existence d'une pathologie comprenant un dédoublement de la personnalité, la perte des réalités et des bouffées délirantes, et j'avais du mal à comprendre ce qui lui arrivait. J'ignorais également qu'on ne pouvait guérir une telle maladie mentale, seulement en atténuer les symptômes. J'ai été tenue longtemps dans l'ignorance par les médecins, à cause du secret médical, de la gravité et du nom de la maladie de mon ex-mari. Ma grossesse fut difficile, j'étais seule à tout gérer, y compris ses accès de violence et tout ce qu'entraîne un tel problème – chômage, déménagements successifs… Je remercie encore aujourd'hui le médecin généraliste, ami de ma famille de longue date, qui a eu le courage de m'informer sur la réalité de l'état psychique dans lequel il se trouvait et la gravité de la situation conjugale à laquelle je devais faire face à l'époque. J'ai pu, grâce à lui, prendre les mesures efficaces pour sauver mon fils d'une vie qui aurait probablement pu finir en drame.

Devant la menace physique que mon ex-mari représentait pour mon fils et moi-même, je décidai de divorcer. Jamais je n'avais imaginé devoir un jour faire cela. J'avais vingt et un ans ! Je me suis retrouvée seule pour élever mon enfant. Cette période de ma vie a renforcé chez moi un caractère déjà fort et c'est sans doute ce qui m'a permis de surmonter cette situation difficile et d'envisager la vie d'une autre manière.

Très vite, j'ai refait surface et rencontré celui qui devint mon deuxième mari. Médecin spécialiste, il exerçait à Suresnes où nous nous sommes installés. Nous avons eu encore deux autres enfants, Eymeric et Eugénie. Nous avons formé dans la joie et la bonne humeur une famille recomposée, comme il y en a tant aujourd'hui, avec mon beau-fils Édouard.

J'ai été également confrontée plusieurs fois à des suicides de proches. Déjà, à quinze ans, Pierre, mon ami d'enfance, n'a trouvé refuge que dans la mort alors qu'il devait affronter ses parents pour une banale histoire de mauvaise note. S'est-il rendu compte qu'il avait remis en cause la vie de tout son entourage en se tirant une balle en pleine tête avec l'arme de son père ? La gravité de son acte, le retentissement sur le couple qui a divorcé à la suite de ce drame, les sœurs qui ont perdu leurs repères n'ont certainement pas été mesurés par un adolescent de cet âge. Lorsqu'ils ont dû dire adieu à l'être aimé, quelle n'était pas la grande culpabilité qu'ils ont ressentie au fond d'eux-mêmes pour ne pas avoir su garder et protéger leur fils, leur frère, de sa propre fragilité ? Quelle désespérance pour un « gosse » de quinze ans de ne trouver comme solution à son problème qu'une balle pour y mettre un terme ?

Quelques années plus tard, ma sœur cadette, après une longue dépression, décida de mettre fin à ses jours. Sophie avait eu une vie difficile aussi et ce jour-là elle n'a trouvé de refuge véritable que dans la mort. Elle n'avait plus le courage de continuer. Plus le courage d'élever ses deux enfants en bas âge et de rester mariée à quelqu'un avec lequel elle ne s'entendait pas ou plus. Elle a choisi sa fin plutôt que de demeurer à nos côtés, préférant fuir la réalité plutôt que de se battre contre une dépression qui la rongeait comme un cancer. Si, pour elle, le suicide a été une délivrance tant psychologique que physique, il a engendré bien des manques pour ses enfants, élevés sans la tendresse d'une mère, pour mes parents, ou pour nous-mêmes, ses sœurs. A-t-elle compris qu'elle nous laissait seuls avec notre désarroi, notre culpabilité et notre chagrin ? Et pourtant, j'étais proche de ma sœur. Et pourtant, j'aimais ma sœur. Mais je n'ai pas su, je n'ai pas été suffisamment attentive, présente, à l'écoute. Je n'étais pas là. Ai-je voulu vraiment voir l'irréparable qui se préparait ?

Elle avait trente-deux ans. Sa mort m'assomma. Ce fut comme une désertion, ma sœur dont j'étais si proche n'avait pas seulement décidé d'abandonner la vie et ses petits enfants mais elle m'avait aussi laissée derrière elle. La voir inerte dans son cercueil et déposer un baiser sur son front glacé fut comme ma propre mort. Je réalisais que, dans ce cercueil, cette « poupée de chiffon » étendue là et habillée des vêtements que j'avais choisis moi-même, c'était ma sœur chérie, ma complice. Celle avec laquelle j'avais tant partagé quand nous étions enfants. Celle avec laquelle les conversations d'adolescente la nuit nous tenaient éveillées, celle avec laquelle nous courions à nos cours de danse le soir et qui me protégeait des voitures pour que je ne me fasse pas écraser. Elle me faisait un sale coup. Sophie m'abandonnait seule sur terre. J'étais mortifiée. J'étais si proche d'elle.

Durant toute la période de travail de deuil, j'avais le sentiment d'être amputée d'une partie de moi-même. Durant un an, j'ai eu du mal à croire à sa mort. Je pensais me réveiller. Je ne supportais pas l'idée de ne plus la revoir. Elle me manquait terriblement. J'ai hurlé de douleur dans ma tête. Sa présence m'était indispensable. J'avais tellement encore besoin d'elle. J'avais encore tellement envie d'entendre sa voix chaque jour au téléphone. Je croyais la voir à chaque coin de rue, je la cherchais partout. Je devais continuer à vivre alors que toute une partie de moi était à ses côtés dans sa tombe. Encore aujourd'hui, je guette, sur le visage d'inconnus ou d'enfants de notre famille, son sourire, son regard, sa façon de se coiffer.

Cette mort tragique m'obligea à changer et à faire le point. Je ne pouvais pas rester dans l'état de mortification dans lequel elle m'avait plongée. Survivre au suicide d'un proche est très dur car, au fond de soi, il y a toujours de la culpabilité, et surtout une grande incompréhension. Quelqu'un comme moi qui suis tournée vers la vie, a du mal à comprendre et à accepter une raison suffisamment valable pour envisager de se donner la mort. Je ne pouvais comprendre les motifs réels de son suicide. N'avais-je pas été toujours présente et à ses côtés en cas de coups durs ? Je ne pouvais comprendre ni la violence envers les autres ni celle tournée vers soi-même. C'était inconcevable pour moi.

Orpheline de ma sœur et ayant côtoyé la mort à travers la sienne, j'ai eu comme un déclic. Je me suis rendu compte que la vie passait très vite. J'étais en train de subir ma vie et je ne voulais plus rester passive. Je voulais en être actrice et la saisir à bras-le-corps. Avant la mort de ma sœur Sophie, et certainement à cause de ma jeunesse, je ne me rendais pas vraiment compte du pouvoir réel que nous avons sur notre vie. Nous pouvons choisir d'être apathiques et de subir (souvent les individus passifs tournent en rond et gémissent sur leur sort sans jamais aller de l'avant ni chercher de solution à leurs problèmes) ou nous pouvons, au contraire, nous emparer de la vie et tenter d'influer sur son cours en fonction du but que nous nous sommes fixé. C'est un vrai défi qui transforme une personnalité et peut rendre heureux ou permettre d'approcher du bonheur.

Tout cela m'a fait mûrir et m'a laissé penser que j'étais enfin heureuse et à l'abri. J'avais trouvé ma voie dans ma vie de famille. Ce bonheur et cet équilibre me permettaient d'aller au-devant des autres. Ma chaleur humaine, mon amour pour l'autre et ma profonde humanité avaient besoin de s'exprimer. Je voulais transmettre ce que j'avais reçu. Je voulais aider, être utile. Une vie individuelle qui tournerait autour de mon propre profit ne m'intéressait pas. Je voulais une implication plus large. Mais cela ne me suffisait pas. Il fallait que je me réalise. Il fallait que je sois reconnue pour moi, aux yeux des autres et de moi-même. Ne pas être seulement la mère de… ou l'épouse de…

Je décidai alors de m'ouvrir aux autres et de m'accomplir non seulement au sein de ma famille, mais ailleurs. Le hasard me fit déménager à Nanterre et je rencontrai le leader local d'opposition Florent Montillot avec lequel je sympathisai. Nos filles étaient dans la même classe et dans le même cours de danse. J'aidais l'épouse de Florent qui était enceinte en conduisant les petites. Nos deux familles se lièrent et, petit à petit, je rejoignis Florent dans son combat politique. Je l'aidais au début dans son équipe de rédaction pour le journal local d'opposition *Nanterre Maintenant*. Je m'investissais de plus en plus et lui devenais indispensable. Lorsqu'il m'apprit son départ définitif à Orléans, je fus catastrophée. Je figurais en place éligible sur la liste des élections municipales menées par la droite locale. Cette sixième place, je la devais à mon travail acharné au sein de cette association politique locale. Nous formions une grande famille et notre rôle était de travailler pour gagner un jour les municipales et faire basculer Nanterre à droite. En attendant, nous étions présents sur le terrain et nous nous occupions des habitants en difficulté qui nous demandaient de l'aide.

J'étais chargée de la communication pendant la campagne en tant que « directrice de communication » et m'activais de plus en plus au sein de l'association. Lorsque les municipales furent terminées et que je fus élue conseillère municipale d'opposition de Nanterre, Florent Montillot démissionna de son poste de président de Nanterre Maintenant. Je fus sollicitée par les membres du bureau et du comité directeur pour lui succéder. Je me présentai et battis mon adversaire, ex-tête de liste aux municipales pour la liste de droite. Je remplaçai définitivement Florent un an, presque jour pour jour, avant la tuerie. Mon combat politique me permettait de m'investir plus encore pour aider les gens. J'y trouve un plein épanouissement personnel puisque c'était ma vocation. Voilà donc un parcours très personnel pour expliquer ma venue à la politique et mon investissement pour les autres.

Je me suis impliquée aussi dans d'autres associations comme celles contre la maltraitance des enfants, contre le sida en tant que secrétaire nationale des Élus locaux contre le sida ou bien encore l'aide aux victimes en tant que chargée de communication pour le réseau Victimo, et comme membre du conseil d'administration de l'association Parité 50-50 pour le respect de la parité et de la place de la femme en politique.

Mon mari ne voyait pas d'inconvénient à mon engagement politique et associatif. Il trouvait normal que sa femme se batte pour les valeurs qu'elle défend et que la droite incarne, et même si ce combat le privait souvent de ma présence. Pendant les élections législatives de 2002 où j'étais candidate, mon mari a dit pour plaisanter qu'il me voyait plus souvent qu'avant avec ma photo affichée en face de son cabinet médical.

Mes enfants réagissaient nettement moins bien. Leur mère était à eux exclusivement et ils n'avaient aucune envie de la partager. Mes deux fils ne comprenaient absolument pas ma vocation. Ils ont même eu honte de me voir sur des affiches pendant les différentes élections auxquelles je fus candidate. Quelquefois, ils souhaiteraient que je change de nom de famille. Ma fille, plus jeune, trouvait cela extra ! Elle adore ce que je fais et est très fière de sa maman.

Mais la politique, ce n'est pas si simple et d'autant plus pour une femme. La parité ne s'est pas faite jusqu'à présent en raison des problèmes que cela peut engendrer pour une mère de famille. Culturellement, dans notre société, le papa peut ressortir le soir pour aller à des réunions, c'est nettement moins vrai pour la maman. De plus, ce ne sont pas des journées de huit heures que fait une femme très engagée politiquement, mais un investissement temps que je suis incapable de quantifier. Week-ends, soirées, journées, nuits peuvent être sollicités et inclus dans la vie publique d'une femme élue ou responsable associative.

Je suis heureuse, malgré les jaloux qui, forcément, ne manquent jamais de me critiquer pour ce que j'essaie de faire ou pour ma réussite. Je suis mère de trois enfants et ma vie d'élue est une lourde charge, mais ô combien gratifiante. Je suis entièrement bénévole, je ne sais pas ce que c'est que d'économiser mon temps et mon argent mais être au service des autres est maintenant ma bannière.

Les élus locaux sont dévoués avant tout. Ensuite, peut-être vient le goût du pouvoir, mais je ne pense pas que cela soit vrai au niveau d'un conseiller municipal. Quoique ! Pour mener à bien cette tâche qui nous est confiée, il faut être animé d'un profond amour des autres et vouloir faire le bien à travers son action politique. Être représentant local apporte certes une certaine gratification, mais cette vie est d'abord une vie de sacrifice. Il faut savoir conjuguer son travail, sa vie de famille et son rôle politique.

Nanterre est un bastion communiste depuis soixante-neuf ans. Pour les élus d'opposition, cela demande beaucoup d'investissement personnel pour souvent peu de gratitude et finalement beaucoup de critiques. Nous n'avons pas de budget pour assumer notre communication. Pour être élu d'opposition ou en tout cas leader, les charges financières sont énormes : le téléphone, les timbres, les tracts sont pour l'essentiel payés par nous, élus. Nos soirées sont continuellement prises par des réunions qui, pour la plupart, sont redondantes. En général, une réunion intéressante pour dix autres très ennuyeuses et avec des projets qui n'aboutiront jamais. Nos journées sont occupées par nos interventions qu'il faut que nous écrivions nous-mêmes, nos articles de presse, la réception des administrés qui sollicitent des aides en tout genre. Il faut aussi répondre au courrier. Tout cela, sans secrétariat ! Nous devons régulièrement suivre des formations pour nous tenir au courant.

Coucher ses enfants le soir, regarder une émission de télévision, prévoir un dîner avec des amis devient quasiment impossible tant nos emplois du temps sont surchargés. En théorie, il faut aussi continuer à mener sa vie professionnelle et familiale. Tout cela dans des journées de vingt-quatre heures. Il faut véritablement croire à son combat et ce d'autant plus dans une ville comme Nanterre où les communistes sont des enclumes qu'il faut en permanence déplacer pour mener la moindre action.

Je me bats quotidiennement pour un idéal et certainement pas pour moi-même, comme beaucoup de mes opposants aimeraient à le penser. Je voudrais faire avancer les choses et je rage de voir notre ville abandonnée à une idéologie d'un autre temps qui se meurt partout dans le monde. Une idéologie à la vision totalement dépassée. Sans notre investissement personnel et désintéressé, la politique communiste de Nanterre pourrait être bien pire encore. Nanterre mérite autre chose que cette médiocrité. Cette ville aux portes de Paris, préfecture des Hauts-de-Seine géographiquement très bien placée, peut revendiquer une place prépondérante dans le département. Pour s'en convaincre, il suffit d'observer le changement qui s'est opéré pour les villes qui ont enfin basculé ! Venez un jour vous rendre compte de ce qu'est la gestion communiste de notre ville qui devrait être la figure de proue du département : ces tours abandonnées, ces ghettos, cette insécurité quotidienne et le taux maximum d'échec scolaire surréaliste ne peuvent en aucun cas être une source de satisfaction pour la majorité municipale.

Les élus locaux sont avant tout monsieur et madame Tout-le-Monde avec leurs soucis et leurs joies. Ils se mettent seulement au service des autres. Qui sont-ils ? Qui étaient-ils ? Des gens comme vous et moi. Les huit personnes assassinées par

Richard Durn au conseil municipal de Nanterre donnaient, elles aussi, de leur temps et nous nous ressemblions par certains côtés. J'entretenais avec quelques-unes des relations privilégiées et j'ai personnellement perdu deux amis très proches dans cet attentat. Je connaissais moins bien les six autres élus. Ce dont je suis sûre, aujourd'hui, c'est qu'aucun d'entre eux n'aurait voulu laisser sa vie ce soir-là au nom de la démocratie et de la République.

Le jeu en valait-il la chandelle ? Cette question, nous nous la sommes tous posée au lendemain des événements de Nanterre, et les familles des victimes certainement plus encore. Pour moi la réponse est évidente : nous nous devons de continuer ce combat.

Florent Montillot, conseiller municipal d'opposition pendant vingt-deux ans, a essuyé critiques et reproches quand il a quitté Nanterre. Bien peu savent ce que représente une vie d'élu local d'opposition, à batailler, non seulement pour des idées, des dossiers, des valeurs, des administrés, mais aussi à lutter sans moyens et sans considération assis au dernier rang d'un conseil municipal où ceux qui siègent à vos côtés – des élus comme vous mais aux idées politiques différentes – vous méprisent, vous privent de la parole, vous insultent et vous humilient. Il faut en avoir, de la constance, pour être l'un des nôtres à la ville, pour être un Florent Montillot ! Le nombre d'heures qu'il a consacré à Nanterre ne peut même pas être compté. Quel bénéfice personnel en a-t-il tiré ? Aucun, pas même un cadeau d'adieu sinon cet arbre, un cèdre, acheté à Nanterre, que j'ai pris seule l'initiative de lui offrir, et qu'il a planté dans le jardin de sa maison en Dordogne.

Monique Leroy-Sauter (quarante-trois ans) était une femme chaleureuse, apparentée UDF et qui appartenait à notre groupe de l'époque. Maman d'une petite fille de dix ans, elle était commissaire aux comptes et donnait des cours à l'université Paris-Dauphine. Elle n'était pas très engagée politiquement et avait été élue, comme moi, lors des municipales de 2001. Les chiffres étaient sa spécialité. C'est elle, souvent, qui étudiait le budget. Le 26 mars, soir du drame, justement, c'était le plus gros conseil de l'année, le plus important, le plus long : celui du budget. Ce conseil qui décide de la vie de la commune. Ce soir-là, elle semblait préoccupée, absente et ne bougeait pas de son fauteuil. Chargée tacitement comme moi de « nourrir le groupe », Monique avait apporté une boîte de Petits cœurs et moi des bretzels. Les gâteaux circulaient entre les dix élus du groupe. Le 26 mars, Monique n'a pas pris la parole au conseil et n'avait donc pas attiré l'attention du tueur sur elle comme beaucoup de ceux qui se sont fait tuer ce soir-là.

Jacotte Duplenne (quarante-huit ans) était souriante avec des yeux rieurs, très jolie femme, avec un petit accent du Midi. Son engagement en politique était probablement dû au fait qu'elle était l'amie d'enfance de Jacqueline Fraysse, maire de Nanterre. Elle était maire adjoint PC chargée de la jeunesse et de l'enseignement secondaire. Enseignante spécialisée, elle était au contact d'enfants autistes.

Louiza Benakli (quarante ans) était avocate. C'était la fierté de sa famille. D'origine algérienne, elle était très impliquée dans la défense du droit de la femme. Elle était maire adjoint apparentée au groupe communiste comme Jacotte. Elles étaient séparées d'une place l'une de l'autre au conseil. C'était une forte personnalité et on sentait qu'elle n'était pas facile à manœuvrer. Jacotte et Louiza se sont toutes deux exprimées au conseil ce soir-là, mais sans aucune virulence, ni rien qui aurait pu attirer de la haine particulièrement…

Valérie Méot (quarante ans), conseillère municipale, très active au parti communiste, était fort difficile à aborder pour une élue de droite. Cette institutrice, très aimée de ses élèves, s'était beaucoup investie dans le quartier du Petit Nanterre.

Christian Bouthier (quarante-six ans) était également un conseiller municipal communiste. Parmi les élus communistes assassinés, il était celui que je connaissais le mieux puisque nous siégions ensemble dans diverses commissions et que nous nous croisions dans les différents conseils de quartier. Il avait un joli sourire, l'accent du Midi. Il était plutôt beau garçon et très sympathique. Célibataire, il était professeur d'histoire-géographie au collège Victor-Hugo à Nanterre. Il avait un jour profité d'une de mes confidences dans une commission et s'en était servi contre moi dans un conseil. J'avais été très surprise par son attitude mais il s'en était excusé par la suite. Beaucoup de membres de mon association l'aimaient bien. Il m'était sympathique, malgré cet incident vite oublié. Valérie Méot et Christian Bouthier n'avaient pas pris part aux échanges au conseil ce soir-là. Hormis un peu de tapage, ce qui me fit intervenir, ils n'attirèrent pas l'attention de façon particulière.

Olivier Mazzotti (trente-huit ans), marié, était le père de deux petits garçons adorables. Il était conseiller municipal UDF, président de l'UDF à Nanterre, professeur d'histoire-géographie. C'était un garçon souriant, plein d'humour, qui, pour cacher peut-être sa nervosité, triturait un élastique. Il avait un humour caustique mais j'aimais cela même si nous n'étions pas toujours d'accord. J'admirais ce père de famille qui promenait inlassablement ses petits dans Nanterre. Il avait projet de partir prochainement dans le Midi avec sa famille. Peu à peu, on sentait qu'il se désengageait de la vie politique à Nanterre. Le soir du drame, il était arrivé à 23 h 30. François Bayrou révélera à la presse qu'Olivier était « fatigué » de sa journée de travail. Il rentrait tard de l'université où il donnait des cours. Le fait qu'il ait manqué la plus grande partie de ce conseil pour assister à une autre réunion, et qu'il soit juste venu finalement pour se faire tuer, me fait penser à un sinistre rendez-vous avec son destin. Malgré l'heure tardive, il a choisi de venir nous rejoindre au lieu de rentrer à son domicile. Je suis sûre que c'est comme une force invisible qui fait qu'on est là au mauvais moment au mauvais endroit. Je n'ai pas eu l'occasion de le saluer à son arrivée. Olivier et moi avions le même âge. Toujours prompt à rendre service, il avait proposé à mon fils aîné de lui donner des cours d'économie lors de la campagne des municipales. Je ne me rappelle pas qu'il ait pris la parole à ce conseil. En revanche, quand il intervenait, c'était avec beaucoup d'humour et pour tourner en dérision Jacqueline Fraysse et sa politique dogmatique.

Michel Raoult (cinquante-huit ans) était un ami proche. Conseiller municipal apparenté au parti politique de Christine Boutin, c'était un homme de conviction qui ne tergiversait pas avec ses idées et ne monnayait pas quoi que ce soit, à l'inverse de certains politiques. Ses interventions étaient caustiques et il tenait tête à Jacqueline Fraysse de manière courtoise mais très fermement. Il était membre actif de notre association. Ce soir-là nous étions à côté l'un de l'autre, Michel était bien, détendu. On parlait beaucoup des élections législatives, de ma candidature et du dîner-débat que nous organisions le lendemain à Nanterre sur la sécurité et qui n'a jamais eu lieu. Michel avait confiance en moi et dans mon avenir politique. Il me modérait et m'apprenait à attendre car la patience n'est pas forcément mon fort. Le 27 mars, pour notre grand plaisir et notre fierté, il avait enchaîné intervention sur intervention, chacune plus incisive que la précédente. Il s'était mis en avant politiquement et a pu en effet attirer plus particulièrement la haine de Richard Durn par sa véhémence.

Pascal Sternberg (trente ans), le benjamin du groupe des Verts, était la bête noire de Jacqueline Fraysse. Souvent insolent, elle le remettait en place quand son discours un peu trop insidieux la dérangeait. Comme Michel Raoult, il n'économisait pas son énergie et interpellait souvent Jacqueline Fraysse. Lui aussi fut particulièrement véhément ce soir-là. Coup du sort, son ordinateur neuf étant en panne, il avait dû imprimer ses textes en rouge. J'ai en mémoire cette phrase : « Vous m'écoutez, Madame le Maire, quand je vous parle ? Cela vous serait profitable ; vous pourriez apprendre des choses sur votre ville ! » Il était beau, rieur, sportif et nous étions amis dans la vie. Notre amitié était confidentielle car il était d'un autre bord et présidait le groupe des Verts. Nous ne partagions pas les mêmes idées en politique mais nous nous respections et pouvions rester des heures à bavarder. C'était comme mon petit frère. Comme je l'ai dit, le soir du drame, je l'avais accompagné en voiture, et inconsciemment, je culpabilise. Pour moi, c'est comme si je l'avais conduit vers sa propre mort. Je lui servais souvent de chauffeur. Nous étions voisins et pour lui qui n'avait pas de voiture, c'était plus pratique pour aller à toutes les réunions auxquelles nous participions. Il n'avait pas d'enfants, n'en voulait pas, ne voulait pas se marier, mais vivait pourtant avec son amie, Françoise.

La plupart des victimes ne connaissaient pas le futur assassin, ne l'avaient même jamais remarqué. Elles ne sauront jamais pourquoi et par qui elles ont été tuées.

Ces huit personnes qui sont mortes de la main de Richard Durn ont toutes eu en commun la même volonté d'apporter par leur combat politique un peu d'elles-mêmes et leurs idées dans l'immensité de la vie démocratique française.

Ces huit personnes menaient la vie de monsieur et de madame Tout-le-Monde avec sa cohorte de soucis, de peines et de malheurs, mais aussi de joies et de bonheurs ; elles auraient pu être chacun d'entre nous. De quel droit leur a-t-il pris la vie ?

Peurs, phobies, traumatismes

Le dernier hommage à nos collègues assassinés achevé, je me retrouve plongée dans mes pensées noires dans mon jardin afin de pouvoir faire le point sur ce qui s'est déroulé ces derniers jours.

Depuis l'attentat, le temps est magnifique, le printemps s'est installé, les bourgeons ont éclos et cela symbolise une victoire de la vie sur la mort pour moi. J'arrive à remettre un peu d'ordre dans mes idées et à essayer d'y voir un peu plus clair. Je suppute que, malheureusement, ce n'est pas en enterrant toutes ces victimes, ni en accomplissant toutes ces cérémonies, que le drame va s'effacer de ma mémoire. Cela serait beaucoup trop facile et je sais que le plus dur est devant moi. Le travail de deuil et celui du traumatisme doivent être évacués, mais seul le temps et une grande force en soi doivent pouvoir m'aider. J'en ai encore pour longtemps avant de pouvoir vivre comme avant. Je suis toujours une bête traquée, aux aguets. Je suis terrifiée et reste pétrifiée.

Je décide de prendre les choses en main et de ne pas demeurer dans cet état psychologique qui ne me ressemble en rien. Je suis devenue complètement immature, et surtout j'ai une trouille épouvantable. Je pense n'avoir jamais eu aussi peur de ma vie. Moi qui pensais que, passé les cérémonies officielles et les obsèques, je pourrais redevenir moi-même, je me trompais lourdement. Les dégâts de Richard Durn allaient bien au-delà du carnage de la salle du conseil municipal.

La cellule de crise mise en place par la municipalité m'avait immédiatement dirigée vers une psychiatre spécialisée dans la victimologie. Je ne voulais absolument pas voir un psychiatre de Nanterre. J'avais trop honte de me trouver dans cet état de fragilité, honte de ne pouvoir circuler librement dans ma ville, de pleurer et de me montrer vulnérable. Honte d'être vivante alors qu'ils étaient morts. Coupable d'être là alors qu'ils n'étaient plus. Beaucoup ont profité de notre fragilité psychologique après l'attentat. Aussi bien des élus que des gens que nous sommes amenés à côtoyer. Nous pourrions les appeler des vautours car ils ont exploité notre faiblesse d'alors pour tenter de prendre le dessus sur nous, le plus souvent d'ailleurs en politique.

Mes enfants, mon mari, mes amis ne comprenaient rien ou alors je ne me sentais pas comprise d'eux. Peut-être parce que je ne laissais rien deviner ? Je pleurais seule, je me cachais, je me terrais. Heureusement, cette psychiatre a vite compris dans quel état de détresse j'étais et a décidé, pour diminuer les effets dévastateurs du choc post-traumatique, de me mettre aussitôt sous tranquillisants. Toutes les personnes présentes au moment du drame ont été mises sous calmants pour endiguer les conséquences psychologiques malheureusement souvent inéluctables.

Lors du premier contact avec cette psychiatre, je suis physiquement sur la défensive. Je suis prête à faire front à toute agression. Elle me garde très longtemps dans son cabinet pour faire le tour du problème et évoquer avec moi ce que j'ai vécu. Sa volonté médicale est de me faire retourner par la pensée dans la salle du conseil municipal. À peine une semaine s'est écoulée depuis le drame. Elle me demande de m'allonger sur le divan et de fermer les yeux. Pour moi qui ai peur de tout, fermer les yeux relève d'un effort suprême. J'ai le sentiment que le médecin va se mettre à sortir une arme et me tirer dessus. J'essaie de prendre sur moi coûte que coûte et de ne rien laisser paraître. J'ai tellement honte d'avoir des idées pareilles, penser systématiquement que les gens vont me tirer dessus. Je ferme les yeux puisqu'elle me le demande instamment. Et là, elle me conseille de me relaxer, de respirer profondément. Bien entendu je suis toujours aussi stressée, aussi effrayée. Elle essaie de m'hypnotiser. Elle me suggère de penser à un endroit agréable où je me sens bien. J'essaie d'imaginer que je suis au bord de la mer, en Bretagne. Et tout d'un coup, sans qu'elle me sollicite, je me retrouve à l'entrée de la salle du conseil municipal, alors que depuis cette nuit funeste je n'avais pas pu y revenir par la pensée. Mon esprit est transporté en haut des marches et je revis la scène en spectateur. Je ne panique pas. La psychiatre est très satisfaite ; peu de personnes, me dit-elle, peuvent affronter une scène traumatisante aussi facilement. Cette représentation me tranquillise en quelque sorte. Je sors de son cabinet apaisée. Le médecin m'a toutefois prescrit un arsenal d'antidépresseurs et d'anxiolytiques pour m'aider. Elle me dit qu'ils me permettront de passer un cap difficile et de mener en apparence une vie à peu près normale.

Cependant, après un tel événement, la vie de tous les jours a du mal à reprendre son cours. J'ai beaucoup de difficultés à me replonger dans l'univers politique. Les élections présidentielles passent sans que je puisse participer à la campagne. D'ailleurs, presque aucun des élus de Nanterre n'y a activement participé. Le premier tour a eu lieu le 21 avril, soit moins d'un mois après le drame. Tous les militants des villes voisines sont venus nous aider. Ils ont collé des affiches et distribué des tracts souvent à notre place. Ma seule contribution, bien maigre, il est vrai, aux présidentielles, a été d'être déléguée de candidat pour les bureaux de vote.

Le 21 avril ayant été un électrochoc pour bon nombre de Français et les présidentielles passées, j'ai été obligée de me réinvestir pour repartir en campagne à l'occasion des élections législatives ! J'avais pensé tout arrêter. J'y avais songé sérieusement avant de comprendre que, si je prenais cette décision, Richard Durn aurait gagné sur tous les tableaux en faisant renoncer certaines de ses victimes à la politique. Ce qui, soit dit en passant, n'a pas été le cas : dans l'année écoulée depuis le drame, nous n'avons enregistré qu'une démission d'un conseiller municipal. Toutefois, continuer simplement pour lui donner tort, c'était aussi rester prisonnière de lui. Je voulais montrer ma volonté, la force de mon engagement, avoir le courage de me relever.

Au mois de juin suivant, j'ai donc été candidate suppléante aux élections législatives aux côtés de Christian Dupuy, maire de Suresnes, investis par l'UMP. Une campagne politique, cela veut dire la mise en veille de toute vie privée durant des mois. Ma seule activité était tournée vers ces élections. Mes nuits, mes journées, mes repas, tout était mené tambour battant en vue d'être les meilleurs, les plus convaincants. Pour gagner.

Cette campagne des législatives, pour nous, élus traumatisés de Nanterre, a été salutaire. Quelle que fût d'ailleurs notre couleur politique, nous n'avions plus le temps de penser, plus le temps de nous poser des questions. Avec l'équipe de Suresnes, j'étais entourée, mise en avant, dirigée, et surtout moins seule, calculant chaque minute pour arriver à démultiplier mon efficacité, mon emploi du temps !

Durant la campagne des législatives, j'étais à nouveau au contact du public et de la foule. Quelquefois, c'est vrai, j'ai eu peur. Mais, jour après jour, ma peur a changé. La peur panique de l'attentat s'est estompée pour ne plus faire place qu'au trac. J'ai pris conscience, de meetings en réunions, d'un paramètre que les balles de Richard Durn avaient mis en sommeil : la politique est vraiment pour moi une seconde nature, un vrai besoin. Je prends plaisir à m'impliquer dans la vie publique. C'est un geste presque naturel parce que avant tout j'aime les gens, et j'ai besoin d'aller vers eux, même si souvent j'en croise qui sont à l'opposé de moi, animés uniquement par la jalousie ou la haine, ce qui me désole et me choque au plus profond de moi.

Pas facile de s'installer sur une estrade aux côtés de Charles Pasqua ou de Jean-Pierre Fourcade et de s'exprimer devant toute une assemblée quand on a peur qu'il y ait un tireur fou dans la salle ! Mais il faut prendre sur soi. Rester impassible. L'air de rien, on scrute chaque visage, chaque main. On tente de déceler celui qui, d'un coup, va brandir son arme et se mettre à tirer. Quand vais-je me sortir ces idées horribles de la tête ? Le pire aura été pour moi la venue du ministre de l'Intérieur, Nicolas Sarkozy, aux Fontenelles, le siège de notre ancienne permanence à Nanterre. C'est un quartier très difficile où sa visite représentait symboliquement la restauration de l'État de droit dans les zones de « non-droit ». Les militants communistes, visiblement, avaient été mis au courant de cette visite. Nous étions entourés de gardes du corps, de policiers des renseignements généraux qui tentaient de faire barrage entre Nicolas Sarkozy, Christian Dupuy, moi et la foule. J'étais littéralement portée par un garde du corps car nous étions complètement écrasés, chahutés, agressés par une foule haineuse qui vociférait autour de nous.

Pour ces deux hommes, c'était déjà certainement éprouvant d'être chahutés comme cela, mais pour moi qui me relevais tout juste d'un attentat, ce fut terrifiant. Ce jour-là, j'ai une fois de plus vu la haine sur les visages de ceux qui hurlaient « Assassins ! ». Pourquoi « assassins » ? Je ne comprends toujours pas pourquoi ces gens avaient tant de haine à notre encontre. Nicolas Sarkozy, à l'évidence, déclenche des passions ou bien alors il gêne car c'est un homme de conviction et qui met à exécution ce qu'il dit. Il a une volonté de fer et ne se laisse pas impressionner.

Le premier conseil municipal après l'attentat devait se dérouler pendant cette campagne. C'était le 22 mai 2002. La plupart des élus souhaitèrent qu'il ait lieu dans la plus stricte intimité. Nous craignions de craquer, de pleurer, d'avoir peur et d'avoir du mal à supporter l'appel que le maire ne manque pas de faire à chaque début de conseil pour connaître, comme à l'école, le nom des présents et des absents. Ne pas entendre le nom de nos collègues manquants a ravivé la plaie encore ouverte dans nos cœurs et dans nos pensées. Nous redoutions fortement le moment où Jacqueline Fraysse lève la séance et où elle redit la phrase qui rime pour nous avec le début de l'horreur, celui où Durn se lève pour ouvrir le feu : « L'ordre du jour étant épuisé, je lève la séance. » Ce moment crucial pour nous, j'y pense depuis à chaque fin de conseil. À chaque fin de conseil maintenant, quelque part dans un coin de ma tête, je me dis : « On s'en est sortis, ce n'est pas encore pour cette fois-ci. Le cauchemar n'a pas recommencé. »

Sans nous concerter, une fois encore, madame le député-maire candidate décida d'organiser un conseil municipal « élargi » dans la salle des congrès avec la participation d'un grand nombre d'habitants. Je pense que nous n'étions pas prêts psychologiquement à entrer dans une telle arène. En réalité, j'étais assez mécontente car j'estimais que ce moment nous appartenait. Nous avions suffisamment souffert pour ne pas nous voir à nouveau exposés à la curiosité des médias et du public. Nous avions mérité de vivre ce conseil dans le recueillement, l'intimité et je pense que beaucoup auraient souhaité que l'accès en fût, au contraire, restreint. Nous avions envie d'être entre nous. J'y suis allée le cœur serré, consciente de faire mon devoir mais plutôt inquiète. J'étais artificiellement sereine car j'avais pris soin d'avaler un anxiolytique léger et j'arrivais à rester un peu détachée de cet événement.

Pour compliquer encore cette situation, le conseil du 22 mai tombait à trois semaines du premier tour des législatives. Candidate UMP dans la quatrième circonscription des Hauts-de-Seine (Nanterre-Suresnes), j'avais en face de moi, en plus de mes adversaires politiques classiques de gauche, une candidature dissidente UDF soutenue par François Bayrou. Cette division de la droite dans ce bastion communiste qu'est Nanterre était pour moi absurde pour remporter une victoire déjà difficile. Elle correspondait à un suicide politique pour ce candidat comme le prouvera d'ailleurs le résultat des élections. Sa présence nous aura gênés puisque, lors de ce premier tour, nous serons largement en tête devant la mairie communiste sortante, et qu'au second tour nous ne serons qu'à 532 voix de la victoire.

Pour ce premier conseil après l'attentat, la politique avait donc déjà repris ses droits. J'avais été obligée de créer le groupe UMP. Je ne pouvais pas politiquement rester candidate aux élections législatives au sein du même groupe politique qu'un de mes adversaires directs. C'était antinomique.

Profitant de la présence inhabituelle de nombreux journalistes dans la salle du conseil municipal, ce candidat dissident organisa une véritable mise en scène publique nous accusant de ne pas l'avoir mis au courant de la création de notre groupe UMP, le tout premier créé en France. Et pour aller au bout du ridicule, il quitta la salle, offusqué, sans aucun respect pour le recueillement prévu initialement en mémoire des victimes. Il avait pourtant, à ma demande expresse, été informé de notre décision par une élue du conseil municipal, membre du groupe UMP. C'est ainsi que fut créé dans l'émotion, mais aussi dans un essai de récupération politique de la part de chacun, le premier groupe UMP en France, ce qui m'a valu par la suite d'être nommée « personnalité de l'année » dans un journal d'après ce que quelqu'un m'a relaté.

Mais revenons à ce conseil du 22 mai. En fait, nous réunir dans un intervalle de temps si proche du 27 mars était un mauvais calcul. Bien sûr, nous devions poursuivre notre activité d'élus et reprendre comme auparavant. Nous avions tous sauté sur cette occasion de nous retrouver, pensant que cela serait salvateur. Ce fut, pour beaucoup d'entre nous, un désastre psychologique car nous étions encore trop profondément marqués.

Ce conseil, le député-maire avait voulu en faire une cérémonie dont elle serait le grand ordonnateur. Pour nous, il était clair qu'elle faisait de ce conseil non seulement un acte de commémoration, mais aussi un acte politique à la veille des législatives. Nous n'étions pas exempts d'ambivalences identiques. Nous avons répondu à son invitation en tant qu'élus pour certains et candidats aux législatives pour d'autres !

L'émotion se lisait sur les visages. Beaucoup des blessés étaient encore absents et les nouveaux qui prenaient la place des victimes devaient se sentir dans leurs petits souliers. Pas facile, pour eux, d'être nommés dans de pareilles conditions. Une élue communiste sanglota durant tout le conseil. On voyait qu'elle n'arrivait pas à se détacher du drame. Le mouchoir collé sur son visage, les yeux rougis, elle pleurait, augmentant ainsi l'émotion ambiante. Sa peine entraîna d'autres élus à pleurer également. On décelait sur le visage de certains l'effort soutenu pour ne pas craquer.

Le travail a toujours été salutaire et surtout un bon réflexe pour puiser en soi une force intérieure et ne pas avoir le temps de réfléchir. Toute cette agitation autour de moi m'avait permis de donner le change et de me distraire de ma douleur. Mais ce n'était qu'une rémission. Quelques semaines après les législatives du mois de juin 2002, je devais aller à la Fnac pour acheter des livres. Ce jour-là, j'étais plutôt sereine. Je pensais même m'en être sortie ! C'était déjà l'été, il faisait beau et chaud. Rien ne me laissait présager que le fragile édifice que j'avais érigé allait s'effondrer.

Je cherchais des livres lorsque, soudain, je ne me sentis pas très bien. Une angoisse brutale me prit à la gorge. J'avais l'impression que tout le monde m'épiait. Plus vigilante, je surveillais toutes les allées et venues autour de moi, toute cette foule potentiellement agressive. Tout d'un coup, je remarquai un monsieur qui cherchait quelque chose dans sa veste, sans doute son portefeuille ou son téléphone portable. Mais pour moi, c'était sûr, il avait une arme et allait se mettre à tirer comme l'avait fait Richard Durn quatre mois auparavant. Je le guettais du coin de l'œil. Il s'en rendit compte, le pauvre, et lui aussi certainement me trouva bizarre. Je n'arrivais plus à chercher les livres que j'étais venue acheter. J'essayais de me raisonner ; en pure perte. J'étais complètement submergée par l'angoisse de m'imaginer que cet homme avait une arme. J'allai alors vers un autre rayon et là, je croisai une personne qui ressemblait énormément à Michel, une des victimes. Il avait sensiblement le même sourire et les mêmes lunettes. Mon esprit éveillé précédemment par ce monsieur qui cherchait dans sa veste m'avait ramenée malgré moi dans la salle du conseil le 27 mars. Je n'aurais pas noté cette ressemblance si je n'avais pas été inconsciemment sollicitée par cet homme qui m'avait fait penser que ce qu'il cherchait était une arme de poing.

Lorsque je pris conscience de la ressemblance de cet homme, tous les détails du drame me revinrent à nouveau. C'était comme si une immense tristesse m'envahissait. J'aurais souhaité que les autres clients pussent me comprendre. J'aurais aimé qu'il y ait une inscription sur ma tête pour m'identifier « victime de Nanterre, soyez indulgents ». Je devais tenir le coup. Je ne devais pas pleurer en public. Une nouvelle fois, j'avais peur, je ne savais plus si les passants me reconnaissaient ou non, je voulais le droit à l'anonymat. Je voulais disparaître. Fondre comme neige au soleil, ne plus être là, ne plus exister, ne plus souffrir.

Les Nanterriens, eux, reconnaissaient l'ensemble des élus, au tout au moins les plus connus. Nous étions passés à la télévision, dans les journaux, et, pour ma part, sur plus de soixante panneaux d'affichage et en photo sur des milliers de tracts. Du coup, j'étais devenue quelque peu paranoïaque et je pensais que tout le monde me reconnaissait sans jamais savoir vraiment qui. Dans les rayons de la Fnac, j'étais si malheureuse et mon cœur était tellement rempli de chagrin que j'avais envie de mourir pour ne plus souffrir. J'étais au bord des larmes, lasse de cette tristesse qui ne me quittait plus.

La souffrance d'avoir perdu mes deux amis, mes autres collègues, d'avoir vécu ma propre mort m'avait finalement vaincue au hasard des rayons de livres, presque par surprise, d'un coup en plein milieu de l'après-midi, devant des centaines de personnes, des badauds. Plutôt que de laisser voir quoi que ce fût, je décidai de quitter cet endroit maudit et de me réfugier dans ma tanière, chez moi. Des personnes à qui je raconterai l'incident me diront que ce n'est pas par hasard que cela se soit passé à cet endroit. Il y a toujours une drôle d'ambiance, pas de fenêtres, la foule et, surtout, il y a déjà eu un attentat ! Mais je ne m'en souvenais absolument pas et, inconsciemment, j'avais enfoui ce drame au plus profond de ma mémoire et cela s'est réveillé en moi. En sortant de la Fnac, je me suis retrouvée dans le hall, j'étais égarée, je ne savais plus ce que je devais faire, je n'étais pas certaine d'être capable de conduire pour rentrer chez moi. Encore aujourd'hui, quand j'évoque ce passage de ma vie et cette tristesse qui m'a envahie, j'ai les larmes aux yeux.

On dit que le hasard fait bien les choses. Si incroyable que cela puisse paraître, en effet, j'ai aperçu, de loin, une autre élue de Nanterre qui avait assisté elle aussi au drame. Je savais que c'était la seule dans cet endroit qui fût capable de me comprendre, mais elle était accompagnée et je ne suis pas allée vers elle. Elle ne saura jamais que je l'ai vue là, que j'aurais eu besoin d'elle à cet instant. Pourtant elle est très humaine et aurait compris ma peine. Les seuls qui pouvaient m'aider, à ce moment précis, auraient été les autres victimes. Nul autre ne le pouvait. Les gens disent nous comprendre, nous leur expliquons, mais tout est tellement difficile à imaginer. Je connais des victimes, proches ou moins proches de cet attentat, qui ont vu leur vie s'écrouler ensuite. Se sentant tellement seules et incomprises de leur entourage, elles ont basculé et envoyé promener leur vie privée ou professionnelle.

On ne peut imaginer le traumatisme de voir un ami mourir sous ses yeux sans qu'on puisse faire quoi que ce soit pour l'aider. La culpabilité qui nous tenaille à vie. Le choc de pénétrer dans un lieu et de voir son autre ami assis mort et la pièce jonchée de corps. On oublie et peu peuvent imaginer les petites choses qui constamment nous ramènent au point initial : le nom d'une rue – « rue Pascal » –, ou quelqu'un qui a la même couleur d'yeux ou de cheveux, ou une expression fugitive sur un visage. Nul ne peut nous empêcher de guetter au hasard d'une rue quelque chose chez quelqu'un qui nous rappelle un des disparus. Pourquoi n'arrivons-nous pas à nous détacher ? Mais les autres ne sont pas assez proches pour avoir les mêmes ressentis, les mêmes impressions.

Nous étions dans un endroit où nous étions censés être en totale sécurité. Et nous nous y sommes trouvés extrêmement vulnérables. Comment désormais être serein dans les lieux publics ?

Je suis rentrée, je ne sais pas encore comment, je m'étais tellement retenue de pleurer que j'ai craqué dans ma voiture et fondu en larmes. Un de mes amis que j'ai croisé en arrivant chez moi n'est pas arrivé à me comprendre et à me consoler. Il a essayé mais ses paroles étaient maladroites, décalées par rapport aux saignements de mon cœur : « N'y pense plus »… Comme si je pouvais ne plus y penser ! Passons à autre chose, n'y pensons plus. Tournons la page. Facile à dire, autrement plus difficile à concrétiser. Et de quel droit pourrions-nous oublier alors que nous aurions pu nous aussi être à la place des disparus ? Quelque part, nous restons leurs témoins et nous avons envers eux un devoir de mémoire.

Durant toute cette période, malgré mes traumatismes et mon chagrin, j'ai continué à me battre pour plusieurs choses. Dès le lendemain de la tuerie, j'ai essayé de mobiliser, de sensibiliser l'opinion publique et les médias sur la question de la détention d'armes. J'ai soudain pris conscience du problème et du manque de contrôle qu'il pouvait y avoir dans ce domaine. Pour quelques euros, n'importe qui est en mesure de s'armer ! J'avais souhaité créer une association dans le but de bouleverser les choses en France et qu'une prise de conscience générale nous aide à diminuer le nombre d'armes détenues par nos concitoyens. Je voulais que la législation change en ce qui concerne les armes. D'ailleurs, après le drame de la tuerie de Nanterre, les magasins Décathlon qui vendaient des armes de chasse ont décidé d'arrêter ce commerce et je les en remercie. Ce petit geste de la part d'un grand distributeur montre qu'à la suite d'un tel drame, beaucoup peuvent vouloir changer le cours des choses et les moyens afin de rendre plus difficile, si l'on peut dire, l'accès aux armes. Mais c'est une tâche de titan car nous nous heurtons à des gens peu scrupuleux, plus soucieux de leur intérêt personnel que de l'intérêt général.

Pour moi, les armes, c'était dangereux. D'ailleurs, j'ai toujours été contre et si cela ne tenait qu'à moi, on n'en fabriquerait pas. Mais c'est peut-être simpliste comme vision des choses. C'est certainement le cœur d'une femme et d'une mère qui parle. Les armes ne m'avaient jamais attirée et je réprouvais complètement leur existence ou tout au moins la possibilité pour le commun des mortels de s'armer. Cela ne servait qu'à tuer ou blesser, à faire du mal.

Je voulais changer les choses et inverser le processus. Je suis personnellement contre toutes les armes, je sais que c'est impossible de les éradiquer, bien que cela soit mon vœu le plus cher. Je voulais déjà que l'opinion publique prenne conscience du prix d'une vie. Il fallait faire passer le message du respect de l'autre, de sa vie et de sa fragilité. Je suis souvent choquée de voir le peu d'altruisme, de respect que les individus ont les uns envers les autres. Je suis convaincue que cette indifférence générale de l'autre suscite des comportements violents. L'action ne doit et ne peut être menée uniquement sur le problème de la détention, mais sensibiliser et restaurer l'image de l'autre comme un être à part entière à qui on doit le respect, et avant tout la déférence et le droit à la vie.

Loin de moi la prétention d'être une spécialiste du problème de la législation des armes et je laisse ce soin à des personnes compétentes et spécialisées dans ce domaine. Mais mes réflexions me poussent à souhaiter que les personnes détentrices d'une arme devraient être dans l'obligation de se faire suivre régulièrement par un psychiatre pour obtenir une autorisation médicale, renouvelable par exemple tous les six mois. En cas de non-renouvellement de cette autorisation, les services administratifs devraient être en mesure de confisquer l'arme ou les armes. Cela éviterait bien des meurtres et aussi des suicides. D'autre part, les personnes ayant été suivies psychiatriquement ne devraient pas avoir la possibilité de s'armer. Nous ne sommes pas encore à Chicago ou au temps des westerns et cela n'a pas un intérêt vraiment fondamental qu'ils détiennent une arme. Cela aurait évité que Richard Durn nous tire dessus et cela éviterait aussi que des personnes suicidaires aient accès à un moyen facile pour en finir avec leur existence. Je constate avec grand étonnement aussi que les jeunes de neuf à seize ans peuvent en toute légalité se doter d'armes de septième catégorie (carabines de tir de loisir et de compétition – armes d'alarme – armes à air comprimé – gaz) avec autorisation des parents. Dans le monde d'aujourd'hui où la violence règne en maître et où les valeurs se perdent, je ne vois vraiment pas l'utilité d'en rajouter et d'autoriser légalement que des enfants si jeunes puissent être armés. Je serais favorable à ce que l'âge d'autorisation de détention soit ramené à une majorité bien établie, vingt-cinq ans minimum, âge où on a acquis quand même un certain recul par rapport à la violence. Un individu ayant un passé judiciaire, ou ayant déjà commis un acte agressif, devrait être fiché pour le restant de sa vie, et ne devrait jamais, sous aucun prétexte, obtenir l'autorisation de détenir des armes.

Par mesure de précaution, tous les lieux publics devraient être équipés de portiques détecteurs d'armes et de personnel spécialisé pour fouiller les gens si la sonnerie se déclenche. Si cela pouvait éviter des drames, c'est sans hésitation que j'y serais favorable. Et tant pis pour ceux qui y verraient des lois liberticides. Ce qui est loin d'être le cas mais juste une protection pour les personnes susceptibles d'être potentiellement en danger et éviter des actes irréparables. Pourquoi ne pas défendre les victimes potentielles face à des prédateurs sans scrupule ? Changeons un peu nos façons de penser et considérons d'abord la victime potentielle ou effective avant de vouloir à tout prix protéger celui qui vole, agresse, viole ou tue. Ce n'est aller ni contre la liberté de chacun ni contre la liberté de circuler, c'est juste un moyen de protection pour éviter des morts inutiles, des gens traumatisés, ou des familles brisées à tout jamais !

Même avec une législation très sévère, il est vrai que cela ne résoudra pas tous les problèmes. Il est essentiel, bien entendu, de faire de la prévention avec un système de détecteurs d'armes conjugué à une législation très sévère.

Nous savons tous qu'il est facile de se procurer des armes en contrebande dans les cités sensibles. L'action qu'a entreprise Nicolas Sarkozy marque, n'en doutons pas, une volonté d'éradiquer ce phénomène de société. Aucune indulgence ne doit être tolérée envers les individus qui se livrent à la détention et au port d'armes de manière illicite. Les conséquences sont trop graves dès qu'il s'agit d'armes à feu.

Mais il est également impératif de sensibiliser les familles, les parents, les enfants dans deux domaines bien précis : le respect de la vie humaine et le prix d'une vie d'une part, le chagrin que peut entraîner la perte d'un être cher d'autre part. Toutes les valeurs sur la vie humaine doivent être remises à une place prépondérante dans notre société égarée. Et un principe qu'on apprenait enfant et qui disait : « Ne fais pas à autrui ce que tu ne voudrais pas qu'il te fît » devrait être le début de toute philosophie.

La mort ne doit pas être banalisée. La législation doit se durcir et encadrer, sans être pour autant liberticide, les médias, la télévision, les jeux vidéo.

Lorsque l'on se penche avec un œil neuf et dénué d'*a priori* sur les *reality shows*, on ne peut qu'être atterré par ce qui est présenté à l'esprit en formation de nos enfants. Qu'est-ce qu'on y voit ? Des jeunes qui ne parlent que de sexe, d'échangisme, de fringues, de choses tout aussi stupides et lénifiantes les unes que les autres sans aucun esprit critique pour mettre nos enfants en garde contre des émissions aussi perverses. Perverses pourquoi ? Les enfants ont tendance, surtout à l'adolescence, à s'éloigner des repères de leurs parents, ils en cherchent d'autres. Et là, qu'est-ce qu'ils voient et entendent ? Un langage sexuel cru où plus rien n'est caché, des jeunes qui ne parlent que de leurs aventures successives sans que les sentiments affectifs tiennent une place prépondérante dans leurs choix de vie. Sous forme d'émission de jeux, ils assistent à des comportements déviants. Voilà une génération d'adolescents pour laquelle le respect des parents est oublié, le respect de la femme et de la jeune fille aussi avec les viols collectifs et autres tournantes dans les caves des banlieues, où l'on constate un désintérêt pour les études, la lecture et autres activités qui pourraient leur mettre un peu les idées en place, ce qui ne manque pas d'inquiéter fortement des parents à juste titre angoissés. Remarquons le nombre de lolitas qui fleurissent un peu partout. Ces jeunes filles, quelquefois même avec l'accord passif des parents, deviennent inconsciemment le reflet de ce que l'on nous sert dans ces émissions. Cette télévision poubelle est l'instrument, délibéré ou non, du lavage de cerveau, de la désinformation et du nivellement par le bas. Elle favorise la paresse intellectuelle, la passivité tant par le message véhiculé que par la réception d'images qui n'exigent aucun effort intellectuel à celui qui les reçoit. Une étude « La télévision, les jeux vidéo et la santé mentale des enfants », extraite du *Cahier Saint Raphaël* (n° 61, décembre 2000, Musique de vie, musique de mort, 3, rue Coypel, 78000 Versailles [http://site.voila.fr/acim/]) par le Dr N'Ghiem Minh Dung, dénonce la pauvreté de langage chez les adeptes de la télévision à tout-va. Ces images lénifiantes ne manquent pas de créer un système de dépendance psychologique comme chez un drogué. Combien d'enfants deviendront agressifs si vous les empêchez de voir leur émission favorite ? La différence entre les bandes dessinées que nous voyions lorsque nous étions petits comme les « cartoons » n'ont pas de comparaison avec les émissions japonaises où l'on se tue pour un oui ou pour un non ou les *reality shows* où les sentiments ont fait place au voyeurisme. Rester affalé devant la télévision de manière passive n'engendre pas que des désordres psychiques mais touche aussi notre santé physique avec les problèmes d'obésité chez les jeunes. La France rejoint, pour ce phénomène, les États-Unis à grands pas. La télé favorise le grignotage, détourne l'activité physique au profit d'un somnambulisme passif devant le petit écran. Tous ces jeunes ne manquent pas d'arguments, tous autant qu'ils sont, en critiquant de manière non justifiée nos choix de vie et nos valeurs qu'ils piétinent allégrement : on les « soûle » !

Si les adultes prenaient le temps de voir ce que leurs enfants ingurgitent dans certaines émissions de télévision, jeux vidéo, bandes dessinées japonaises, ils seraient choqués et certainement plus vigilants pour protéger leur progéniture. Des études montrent que voir des images violentes stimule certaines zones de notre cerveau au détriment d'autres zones, celles qui sont mises en valeur lors de la pratique du jeu d'échecs par exemple. Et si le mimétisme existe pour les lolitas qui essaient de singer les starlettes de télé, on peut imaginer et même affirmer que c'est la même chose pour la violence. Ces études montrent également que les enfants qui restent le plus longtemps devant la télévision sont d'un milieu souvent modeste. Les heures passées devant leurs consoles ou la télévision sont autant d'heures perdues pour l'étude ou pour la lecture, temps précieux qu'ils ne rattraperont jamais. Une certaine banalisation des actes de tuerie mise en scène sciemment contribue à l'augmentation sensible des phénomènes Richard Durn. Les spécialistes assurent qu'un mimétisme est créé dès le plus jeune âge face au petit écran et que cela peut influencer les individus potentiellement fragiles ou dangereux. Des séquelles intellectuelles ou émotionnelles peuvent être conservées et tout cela risque d'engendrer des pertes du sens de la réalité. Cela ne peut qu'entraîner des dégâts sur l'état de santé mentale à venir pour nos enfants et pour notre société en général. Richard Durn d'ailleurs, au cours d'un interrogatoire, a mentionné le film *Taxy Driver* comme son film-culte et expliqué aux policiers que pour comprendre sa vie, il fallait le regarder. Quel en est le scénario ? L'histoire d'un paumé en échec total écœuré par la racaille qui traîne dans la société. À la fin, il tente de tuer un candidat à la présidence des États-Unis puis se retourne contre un souteneur qu'il abat dans un massacre sanglant comme l'a fait sur nous Richard Durn au conseil municipal. Tout n'est pas un hasard et, sans être fin psychologue, on peut voir de toute évidence des corrélations entre la violence ingurgitée à la télévision et celle de ce *mass killer*.

Prenons les jeux vidéo, où les jeunes s'acharnent virtuellement à tuer et encore tuer. Comment peuvent-ils après distinguer entre le bien et le mal en ayant descendu de manière imaginaire autant d'individus fictifs ? Tout cela est à repenser, remanier et surveiller de manière très stricte. Quels adultes deviendront tous ces enfants élevés, non pas au Banania traditionnel de notre enfance mais à la tuerie habituelle de leurs jeux vidéo ? Bien des drames peuvent être évités, c'est une question de motivation de la société actuelle. Il faut redresser la barre. Sans réaction de notre part, ces attitudes pourraient signer la fin de notre civilisation.

Les familles, les enseignants, sont souvent alertés avant le passage à l'acte par quelques petits indices qui, si l'on est vigilant, peuvent empêcher l'acte lui-même. Dans le cas de Richard Durn, il avait prévenu sa mère en lui disant le 11 novembre précédent qu'il avait l'intention de tuer des élus qui devaient défiler à l'occasion de la commémoration de la signature de l'armistice de la guerre de 1914-1918. Mais en général, le futur tueur est une personne isolée, solitaire, qui a du mal à communiquer, et qui a subi de nombreuses vexations, voire l'exclusion. Toutes ces frustrations le placent en position d'infériorité mentale. Mais au fond de lui, pour supporter cela, il développe un monde parallèle où il se venge, où il est capable d'agir, et non plus de subir. Il est fasciné par les armes, souvent adepte du tir sportif, des actes de guerre, de l'armée, etc. On a remarqué aussi, dans certaines études sur les *mass killers*, que l'image de la mère était prévalente sur celle du père. Pour contrecarrer cela, il développe un goût pour des activités qui lui semblent plus viriles. Dans le cas de Richard Durn, les armes, l'engagement humanitaire, etc. Si des parents ou des enseignants décèlent ce genre de problèmes chez leurs enfants, si ceux-ci sont en possession d'armes, s'ils profèrent des menaces à l'encontre d'autrui (comme dans le cas de Richard Durn), il est de leur devoir de les mettre hors d'état de nuire en les désarmant. Ne serait-ce que pour protéger des innocents et leur propre enfant. Car bien souvent ce n'est qu'un suicide déguisé. Ils savent pour la plupart qu'ils vont mourir : soit ils se donnent eux-mêmes la mort, soit ils sont abattus lors de la tuerie.

Malheureusement, notre société est en train de produire beaucoup de petits Richard Durn en puissance. Ce n'est pas tout à fait le fruit du hasard si un mois jour pour jour, à Erfurt, en Allemagne, un lycéen de dix-sept ans abat dix-sept personnes dans son établissement. N'a-t-il pas choisi la date de son passage à l'acte en fonction de ce qui nous était arrivé ? Beaucoup de médias à l'époque ont parlé du « syndrome Durn ». Même fascination pour les armes, même isolement face à la société !

La résilience. Tentative pour surmonter l'insurmontable

Quatre mois ont passé. Les grandes vacances sont une vraie résurrection pour moi. Je m'adonne aux joies du sport et je renoue contact avec ma famille. Je passe la première semaine sur la Côte d'Azur avec ma sœur Frédéricka, mon beau-frère Thierry et nos enfants. L'été est magnifique et je me repose. J'ai eu une année extrêmement pénible et je savoure sans culpabilité ces huit jours bien mérités chez ma sœur. L'idéal, pour décompresser, c'est de se retrouver en famille.

Auprès de mes enfants et de mes neveux, tous plongés dans l'adolescence et ses aléas, je m'efforce de mettre un peu de gaieté dans ma vie. Cette gaieté dont j'ai été soudainement privée depuis le mois de mars. Ma sœur et mon beau-frère déploient tous deux des trésors d'ingéniosité afin de me distraire. Les retombées psychologiques dont je suis victime m'empêchent de vivre normalement. À aucun moment, je ne peux réellement me laisser aller au bonheur et à la joie de vivre.

Mais par contre, je prends mieux conscience d'éléments qui avaient disparu de ma vie lorsque je me trouvais en état de stress permanent. Cette année, les pins parasols, la mer et le sable ont une autre signification pour moi, une nouvelle dimension. Je les apprécie différemment. Je prends un plaisir infini à contempler tout cela et je suis en pleine béatitude environnementale. Le ciel ne m'est jamais apparu aussi bleu, la mer aussi belle, tout me paraît merveilleux. Les couleurs de la vie se révèlent à mes yeux et deviennent le plus beau de tous les tableaux. La vie de tous les jours m'avait fait oublier la splendeur des choses qui nous entourent, je reprends vraiment contact avec la nature.

La tuerie de Nanterre m'a coupée du reste du monde et j'ai l'impression ici de réapprendre le goût, les odeurs. Je redécouvre tout ce qui m'était devenu trop familier et que je ne savais même plus apprécier. Maintenant, je jouis de chaque moment de la vie. Je la goûte. Je la hume. Je la respire. Je la bois. Je la vis. Je la ressens. Et dans le même temps, sur la plage, bien que savourant un moment tranquille pour me retrouver et surtout apprécier la beauté du site, j'écoute d'une oreille distraite les commentaires de ma sœur sur sa vie. Elle parle, raconte, répète et pense que j'entends tout ce qu'elle dit d'une oreille attentive. En fait, je suis bien loin de tout cela, de ces petits tracas quotidiens... Tout cela me semble devenu tellement dérisoire. Je reste étrangère aux problèmes qui me paraissent si insignifiants par rapport aux notions de vie et de mort qui m'habitent maintenant constamment.

Je ne pense qu'au drame. Je revis l'attentat et je suis seule dans mon cauchemar quand je revois cet homme vêtu d'une veste kaki tirer en s'avançant dans notre dos. Je revois ces étincelles tout autour de nous dans la salle du conseil. Et dire que pendant les premières secondes, j'ai cru à un feu d'artifice.

Thierry, son mari et donc mon beau-frère, qui est psychiatre, a détecté immédiatement les symptômes du choc post-traumatique dont souffre toute personne victime d'agression, de viol, d'attentat, de tuerie ou autre... Il m'invite à parler dans l'unique souci de m'écouter et de laisser s'écouler le flot de mes pensées noires. Je souffre effectivement du syndrome du survivant. On a raconté qu'après le naufrage du *Titanic*, beaucoup de rescapés avaient eu des difficultés à réapprendre à vivre. Certains se sont suicidés car ils n'ont pas pu faire face. Dans les camps de la mort aussi, les survivants ont culpabilisé d'être revenus de l'enfer. À tel point que le monde n'a pris conscience que bien des années plus tard de ce qu'avaient traversé les déportés. Ils ont eu du mal au début à témoigner car ils se sentaient honteux, fautifs, coupables, ils pensaient que personne ne les croirait. Pour ces raisons, ils ont mis du temps à apporter leurs témoignages à l'Histoire.

Aujourd'hui, je sens des pulsions de mort que je n'avais pas auparavant. Inconsciemment, je mets ma vie en danger. Je vais à la limite de ce qui est possible pour reflirter avec cette mort qui n'a pas voulu de moi ce jour-là et qui a préféré prendre mes amis au vol. D'autres victimes comme moi après la tuerie se sont surprises en train de flirter avec la mort.

Frédéricka finit par cesser son bavardage. S'apercevant enfin de l'état de détresse et de solitude dans lequel je me trouve, elle me dit : « Pourquoi ne pas écrire un livre sur ce que tu as vécu ? Tu pourrais exprimer une fois pour toutes tes peurs et tes angoisses. Peut-être pourras-tu alors te reconstruire ? » C'est vrai que j'aime écrire. Je rédige beaucoup d'articles pour le journal politique local de l'association Nanterre Maintenant dont je suis la présidente et rédactrice en chef. Écrire un livre sur ce qui s'est passé pourrait me donner un but dans la vie, m'aider à me raccrocher à autre chose. Je veux fuir cette spirale de mort et de deuil dans laquelle je suis précipitée depuis presque quatre mois.

Petit à petit, l'évidence s'est imposée à moi : il me fallait témoigner et écrire. Pour moi, mais aussi en mémoire des victimes, de leurs familles. Un livre pour m'aider à rattacher les deux bouts de mon existence brisée et me permettre, peut-être, d'amorcer une guérison. Il me fallait dire ce qu'était la tragédie de Nanterre vécue de l'intérieur, sans fioriture. J'ai eu envie que tout le monde sache cette violence et les traumatismes qu'elle a fait naître. Je voulais aussi replacer la victime au centre des débats et non plus, comme cela se fait trop souvent, l'oublier au profit de l'auteur des faits, l'assassin.

D'autre part, j'étais moralement très touchée par la tragédie, et être replongée sans arrêt dans le même contexte était pour moi très traumatisant. Je n'avais pas du tout concrétisé, analysé, décortiqué Richard Durn, car je lui en voulais terriblement. Pour moi, cet homme n'était rien. Je ne voulais pas lui donner un nom, un visage, quelque chose d'humain. Le fait d'écrire un livre sur cette tragédie m'a obligée à tenter de cerner au plus près le personnage. J'ai décelé des fêlures dans une personnalité que je ne peux qu'à peine entrevoir. Je suis trop proche du drame pour être impartiale. Je ne l'excuse pas – rien ne peut l'excuser. Il avait certainement connu une enfance difficile, l'absence du père, son problème de communication avec sa mère, son repli sur lui-même, sa folle passion des armes, sa fausse virilisation dans ce fantasme allégorique du passage à l'acte. Je ne pouvais analyser cela d'un homme sans éprouver une once de pitié ou de consternation. Mais c'est vraiment le maximum de sentiment que j'aie pu avoir pour lui. Je n'ai pu hélas lui pardonner ; peut-être y parviendrai-je un jour, je l'espère pour moi. Ce plongeon dans sa vie, dans l'attentat, dans la vie des victimes, dans la tragédie, a été pour moi autant d'épreuves qu'il me fallait endurer pour réussir à me relever de cette tragédie. Et, par-delà, je voulais aussi que demeure l'espoir de surmonter pareille épreuve. Je souhaitais trouver les mots et les raisons pour que chacun de nous puisse se sortir d'une telle histoire en la transformant en une victoire sur lui-même. Aujourd'hui, pour tous ceux d'entre nous qui ont survécu, l'approche de la vie est bien sûr différente. Peut-être sommes-nous plus sensibles à l'authenticité des êtres, des paroles et des actes.

Les faux-semblants m'exaspèrent. Je prends la vie avec plus d'optimisme et j'en apprécie autrement chaque instant. Je ne laisse plus passer la moindre occasion de m'amuser. Les gens me trouvent un peu changée, un peu bizarre, je fais des réflexions légèrement déplacées, mais c'est parce que je me suis défaussée de tous les faux-semblants, de toutes les conventions non dites qui ne servent à rien. L'essentiel, pour moi, c'est désormais l'amour, l'amitié, l'honnêteté des relations. Le reste ne m'intéresse pas et je n'ai pas de temps à y consacrer.

J'ai changé, certes, et j'ai le sentiment de m'être « bonifiée ». La femme qui renaît petit à petit au fil des jours, est plus forte, plus heureuse, plus épanouie encore qu'auparavant. Mais aussi plus exigeante par rapport à ce qu'elle attend des autres et d'elle-même. J'essaie aussi de redéfinir mes priorités par rapport à tous mes engagements tant personnel que public ou professionnel.

Quelques-uns ont du mal à me comprendre encore aujourd'hui, ils me trouvent trop spontanée, trop vraie peut-être. Mais je ne veux pas changer ni me perdre. Pour moi, je ne veux voir que le bon côté des choses et des gens. Je ne veux pas me faire du mal avec ceux qui n'ont pas encore compris ou qui peut-être ne comprendront jamais qu'il est plus difficile de donner mais que c'est bien plus riche en soi. La méchanceté qui anime certains de mes semblables, je ne suis plus capable d'y être confrontée et je préfère les éviter. Je veux donner mais surtout à ceux qui en valent la peine et je laisse de côté les personnes acariâtres qui ont l'art de vous gâcher l'existence. D'autre part, je ne peux maintenant m'empêcher de sauter sur l'occasion de sortir, de faire la fête, de profiter un maximum de la vie. Moi qui ai horriblement peur du vide, j'ai même tenté l'aventure du parachute ascensionnel, chose impensable avant cette tuerie.

Et chaque fois, je me dis : j'ai la chance d'être en vie, j'ai la chance de voir ce lieu, ces couleurs, et j'en ai conscience.

J'ai passé le reste de mes vacances avec mon mari et mes enfants. Mon cerveau a retrouvé enfin un semblant de paix. J'étais moins anxieuse, moins stressée, plus calme, plus détendue. À travers ce moment de grâce dans cette année terrible où je n'ai pas vu le temps s'écouler, j'ai réappris à apprécier la vie de famille. C'est vrai que j'étais un peu bizarre ces derniers temps et que je vivais indifférente au monde qui m'entourait. Je m'occupais de mes enfants, j'essayais de partager des moments de bonheur sans trop penser au drame de Nanterre mais sans jamais y arriver réellement.

Mais toutes les bonnes choses ont une fin et les vacances se sont terminées. À peine rentrée, je décide de suivre les conseils de ma sœur et de m'atteler à la rédaction d'un livre sur la tuerie de Nanterre. J'en parle à mon ami Florent Montillot. Nous avons une confiance absolue l'un dans l'autre. Il est enthousiaste : ce livre sera une excellente thérapie, une catharsis. Et plus encore : ce sera un devoir de mémoire.

Florent me conseille d'écrire avec quelqu'un. Un journaliste pourrait, selon lui, me guider utilement dans ma démarche et m'apporter une collaboration précieuse. Je contacte un ami à lui, grand reporter dans un magazine et spécialiste des questions de justice et de police. Nous nous rencontrons aux Fontaines, un café de la porte de Saint-Cloud. Mon histoire l'intéresse visiblement. Il me trouve « courageuse » de me lancer dans une pareille aventure et je sens, même s'il me modère, qu'il est emballé à l'idée de me suivre. En tout cas, il a compris que j'avais mis vraiment tout mon cœur dans ce projet. Débordé, il n'aura que peu de temps à me consacrer et me propose d'être une sorte de conseiller en écriture. Un fil rouge. Je lui montre quelques pages déjà rédigées et nous construisons, sur un coin de table, le plan de l'ouvrage. Finalement, il n'a pas pu m'apporter toute l'aide qu'il aurait voulu mais son intérêt m'a permis de me lancer. Il m'a libérée et permis d'accoucher en quelque sorte de plusieurs moments douloureux que je ne parvenais pas à coucher sur le papier ou tout au moins à en prendre conscience. Il demeure un de mes meilleurs amis, celui qui a su toucher mon âme. Ce livre m'a pris bien plus d'un an pour l'écrire. Il fallait que je laisse décanter l'événement et que j'arrive à vivre avec les hauts et les bas engendrés afin de les raconter du mieux que je pouvais pour faire comprendre aux autres que ces symptômes sont normaux. Nous sommes juste en train de retrouver notre équilibre petit à petit. Les victimes doivent se reconstruire. Avec de l'aide extérieure bien sûr, mais aussi avec le temps, l'amour de la vie, et de la volonté.

Puis, un an a passé. Pour tout le monde, la « tuerie de Nanterre », c'était il y a déjà longtemps, très longtemps. L'actualité et son cortège de nouveaux malheurs ont laminé les souvenirs de l'opinion publique. Aujourd'hui, des menaces planent sur nos civilisations occidentales. Tout le monde s'interroge sur les risques de guerre, les actes de terrorisme et notre petit drame personnel est bien insignifiant comparé aux risques encourus par nos civilisations. Pourtant, les victimes de demain, d'aujourd'hui, d'hier et celles de Nanterre ont toutes en commun une souffrance identique. Celle qui nous a touchés malgré nous dans notre chair et dans notre tête. Mes rires ne sont plus les mêmes. Mes désirs sont différents. Mon regard a changé. Mon corps, même, a changé, j'ai maigri, mes traits se sont durcis, j'ai le visage émacié.

Mon approche des autres, de la vie, des événements est transformée, amplifiée. Mon écoute n'est plus la même. Je sais qu'il faut profiter de la vie, en jouir maintenant, chaque jour, et ne jamais se laisser envahir par ces détails insignifiants qui peuvent nous gâcher l'existence. Je sais maintenant apprécier la beauté d'un site et prendre un plaisir infini à simplement regarder mais aussi observer. C'est une des clés de mon nouveau bonheur et surtout d'un certain apaisement, la recherche de la sérénité, de la sagesse. J'ai perdu d'un coup l'impatience de la jeunesse.

Mais à mon retour au mois de septembre et dès que j'arrive à Nanterre, alors que je me crois guérie, je m'aperçois que je suis renvoyée en arrière avec à nouveau les symptômes des chocs post-traumatiques liés à la tuerie. Nous n'avons pas arrêté finalement d'avoir des hauts et des bas depuis cet attentat. Quand nous croyons nous en être remis et pouvoir repartir d'un bon pied, nous nous apercevons que nous retournons en arrière et nous nous souvenons.

Je n'avais à nouveau plus du tout envie de refaire de la politique. C'était normal, les victimes focalisent leur angoisse sur le contexte ou le lieu où s'est passée l'agression. Dans mon cas, c'était un contexte politique, dans le cadre de mon mandat à la mairie. Consciente du danger de prendre une décision que j'aurais pu regretter par la suite, je décidai de ne rien entreprendre à la hâte. Je savais que cela allait passer, mais il fallait une fois de plus que je dissimule, que je cache mes sentiments, ma panique, ma peur, mes angoisses… ma faiblesse. Tous les symptômes, je les avais récupérés en une fraction de seconde juste à la frontière de Nanterre lorsque j'ai vu ce panneau d'affichage où avaient été collées si longtemps les affiches avec les photos des élus décédés. Elles ont été enlevées depuis longtemps mais, pour moi elles sont à jamais là. La tuerie de Nanterre m'est revenue comme une vague au plus profond de moi-même, je n'étais pas guérie contrairement à ce que je pouvais penser. Les vacances, le repos, la lecture, la famille, tout cela est effacé au profit de l'angoisse, de la peur, des morts, de mes fantômes, de mon horreur, de ma culpabilité d'être vivante.

La rentrée du mois de septembre annonçait une épreuve supplémentaire puisqu'une grande cérémonie était prévue au palais de l'Élysée pour une remise de la Légion d'honneur à certaines personnes du conseil municipal par le président de la République, Jacques Chirac. Une polémique s'était engagée autour de cette remise de médaille. Une crise s'était installée à mots couverts entre l'Élysée et certains élus. Pour expliquer cette crise, il faut revenir en arrière. Dès les jours qui suivirent l'attentat, Jacqueline Fraysse, député-maire de Nanterre, avait proposé au préfet et au Premier ministre en place, Lionel Jospin, que la médaille de la Légion d'honneur fût attribuée aux personnes décédées et aux personnes choisies par les soins du maire. De mon côté, sans connaître la démarche du maire, j'avais demandé, en hommage aux élus décédés, que leur fût remise la Légion d'honneur à titre posthume. Mais je n'avais rien demandé pour le reste des membres du conseil. Je n'aurais jamais osé demander quelque chose pour nous-mêmes vivants. Nous étions déjà privilégiés de nous en être sortis. Nous étions des survivants, des rescapés, et c'était pour moi l'essentiel. Courant avril, j'avais appris, par les médias, que la Légion d'honneur n'allait pas être attribuée uniquement aux personnes décédées mais également à neuf personnes qui avaient été en mesure de maîtriser Richard Durn. Cette décision m'avait alors consternée. Comment voulait-on que les personnes blessées s'interposassent entre Richard Durn et ses armes ? Comment une femme pouvait-elle avoir la force de le maîtriser alors que tout le monde a assuré qu'il était remarquablement fort physiquement et que même le policier qui a tenté de l'empêcher de se suicider n'a pas réussi ? Comment les élus assis sur la première rangée pouvaient-ils encore réagir alors que dès les premières secondes, nous étions anéantis, accablés par les balles de Durn ? Qu'avions-nous vécu ? Un flirt avec la mort, une danse macabre où certains tombaient, d'autres étaient blessés, d'autres encore épargnés. Il était déjà tout à fait extraordinaire de sauver sa peau. Était-il juste de ne pas récompenser les personnes qui ont appelé les secours, la personne qui a téléphoné sous son bureau et une autre qui a participé physiquement à la maîtrise de Richard Durn ? Les blessés étaient-ils trop vivants ou pas assez morts pour avoir droit à la Légion d'honneur ? Pourquoi donc faire des différences entre les personnes unies après un tel drame ? Envers des personnes qui, au détriment de leur vie privée, donnent tant de temps à la République et à la démocratie et qui, ce soir-là, ont toutes risqué leur vie ? Nous demandions juste une reconnaissance et non une récompense. Alors pourquoi cette injustice dans l'attribution de la Légion d'honneur alors que tous auraient dû être décorés ? Pourquoi ne pas l'avoir donnée à tout le monde comme d'ailleurs, le suggéraient l'opinion, la presse et même Jacques Chirac qui y était favorable ?

J'avoue avoir été surprise, choquée et vraiment déçue de ce choix, pour moi arbitraire. Dès que j'en ai été avertie, j'ai immédiatement écrit de nouveau au président de la République pour lui faire part de mon étonnement, voire mon indignation. Parallèlement, apprenant cette injustice, les élus socialistes se désolidarisèrent en bureau municipal de cette décision du maire et refusèrent de recevoir cette Légion d'honneur à cause de la discrimination qui était faite autour. Ils manifestèrent violemment leur désaccord avec le choix du maire et quittèrent la salle du bureau municipal, où seuls les élus communistes de la majorité municipale restèrent présents.

Finalement, après maintes transactions entre l'Élysée et le groupe socialiste, les élus socialistes désignés pour recevoir la Légion d'honneur consentirent à recevoir la fameuse médaille.

Entre-temps s'était ajoutée une autre maladresse : la date initiale prévue avait été celle de la fête de Yom Kippour, appelée aussi Grand Pardon pour les personnes de confession juive. La remise des médailles ne pouvait avoir lieu ce jour-là, une des victimes étant de cette religion. Après bien des heurts avec le maire qui ne voulait pas faire changer la date, la famille sollicitera directement l'Élysée qui comprendra très bien les impératifs religieux derrière la demande.

À mon retour de vacances, j'ai repris les négociations afin que cette médaille fût attribuée sans aucune discrimination et donc à l'ensemble des membres du conseil et du personnel administratif présent à nos côtés, mais sans succès. Une élue socialiste également est montée au créneau avec courage, je l'ai soutenue dans l'ombre. Nous étions tous solidaires, et tous favorables sur le principe d'une remise de médaille collective.

Nous devions nous incliner, le Président ne pouvait revenir sur cette décision prise par son ancien Premier ministre avant sa réélection. Les dessous de cette remise de Légion d'honneur houleuse qui avait défrayé la chronique à l'époque, je les ai appris des uns et des autres. Le Président était très ennuyé car il ne pouvait changer la parution qui a eu lieu dans le *Journal officiel* début juillet. Tout était préparé, organisé. Il ne fallait pas faire d'éclat et nous devions nous laisser imposer les choses, une fois de plus !

Pour ceux qui n'ont pas été récompensés, cela a été une blessure de plus. De façon implicite, nous étions supposés lâches car nous n'avions rien fait. Cette charge culpabilisante supplémentaire n'avait vraiment pas besoin d'être ajoutée à nos esprits déjà fragilisés. Il est évident que tous méritaient cette décoration sans aucune discrimination. Heureusement, toutes les blessures cicatrisent et celle-ci n'aura été qu'une égratignure au regard de l'amputation à laquelle nous avions eu l'occasion d'être confrontés. Nous l'avons pris avec philosophie et grandeur d'âme.

Le jour de la cérémonie approche. Comme si le traumatisme lié au fait qu'elle manquera en partie cette fonction de reconnaissance des institutions face à notre souffrance ne suffisait pas, la date retenue est voisine de l'anniversaire du 11 septembre. Revoir les avions s'encastrer dans les tours jumelles du World Trade Center, toutes ces victimes, toutes ces souffrances, tous ces malheurs nous replonge peu avant la cérémonie officielle dans une ambiance cataclysmique. Pour assister à la cérémonie commémorative et de remise des médailles à l'Élysée, on peut dire qu'on était dans de bonnes conditions psychologiques !

En signe de mécontentement et de désapprobation des faux-semblants, un grand nombre d'élus ont refusé d'y assister. Je décide d'y aller en hommage aux victimes et à leurs familles, mais j'ai fait savoir que je n'étais pas du tout d'accord avec la décision prise, que je regrettais vivement ne pas avoir été consultée plus tôt et que je n'aurais pas manqué de défendre mes collègues. Beaucoup de personnes n'ayant pas bien compris comment « on » avait pu faire des distinctions de mérite nous ont par la suite félicités, pensant que, finalement, nous avions obtenu gain de cause. Beaucoup d'autres essaieront d'intervenir, sans plus de succès.

Pour nous, cette remise des médailles a néanmoins été très émouvante. L'Élysée est magnifique et c'est un honneur d'y être reçus. Tout est resplendissant et conforme à ce que l'on voit à la télévision. Nous étions particulièrement émus car c'était l'occasion de revoir les familles des victimes, une grande partie des élus, des membres du personnel communal. Beaucoup ont pleuré. J'ai pleuré. J'ai repensé à Jacotte, Louiza, Monique, Valérie, Christian, Michel, Olivier, Pascal, lorsque le président de la République s'est avancé solennellement vers chacun des gardes portant un coussin bleu qui symbolisait le mort. J'avais du mal à retenir mes larmes, un coussin n'est pas un être humain, c'est un coussin en velours plein de plumes et moi ce qui me manquait, c'était eux en chair et en os, bien vivants. Les familles étaient, elles aussi, effondrées. Certainement, elles ont eu du mal à comprendre, à accepter ce symbole. Mais enfin comment faire, comment faire autrement ?

Le président de la République a été charmant avec nous. Il m'a prise dans ses bras, m'a embrassée, toujours humain avant tout. Il nous a apporté à tous beaucoup de réconfort.

Mais le soir, quel désenchantement ! Mon mari et Isabelle ont décidé de me changer les idées en m'emmenant au restaurant à Rueil-Malmaison. C'était un samedi soir, et après cette cérémonie émouvante, j'avais besoin de m'aérer l'esprit et de m'éloigner physiquement des tensions nanterriennes. Notre premier choix s'est fixé sur un restaurant chinois. Mais ce dernier étant complet, nous sommes allés dans un restaurant japonais. Nous dînions tranquillement en évoquant le film *L'Adversaire* que nous venions de voir au cinéma lorsqu'un groupe de jeunes sont entrés très bruyamment dans la salle. Un de ces joyeux lurons était porté par ses camarades. Aussi avons-nous pensé qu'ils fêtaient l'enterrement de sa vie de garçon. Quelle ne fut pas ma surprise lorsque je m'aperçus que c'était un membre du personnel communal de la mairie de Nanterre qui avait reçu le matin même des mains du président de la République française la Légion d'honneur ! Nous ne pouvions, mon mari, Isabelle et moi, que restés consternés devant le manque de pudeur qu'affichait ce jeune en faisant un tel tapage dans un lieu public pour une médaille obtenue au prix de huit vies !

Lorsque, même aujourd'hui, je lis dans les journaux que telle ou telle vedette a reçu la médaille de la Légion d'honneur alors que l'ensemble de ce conseil martyr n'a rien reçu pour tous les services rendus, je reste dubitative sur bien des choses... Je pense sincèrement que ce jour-là, c'était l'occasion ou jamais de revaloriser aux yeux du peuple français l'image de ses élus, trop souvent vilipendés. Mais c'était aussi l'occasion de revaloriser le sens de l'attribution de la Légion d'honneur trop souvent galvaudée pour raison de copinage que pour services rendus à la patrie.

En marge de ces événements, j'ai repris contact avec un psychiatre. C'est un homme et il me convient mieux dans ma démarche d'analyse psychologique. J'ai repris l'arsenal de médicaments habituels dans les suites des troubles post-traumatiques afin de diminuer leurs effets néfastes. Le psychiatre m'a trouvée stressée, fatiguée, déprimée, au bout du rouleau. À l'époque, je ne dormais plus, ou quand je dormais, c'est d'un sommeil extrêmement léger entrecoupé de cauchemars. Je ne mangeais plus et J'étais atterrée de me retrouver six mois en arrière. J'étais très triste car j'avais l'impression que jamais je ne me sortirais psychologiquement de cette tragédie. Je me sentais prise au piège et destinée sans cesse à revivre en boucle cet événement. Comment allais-je en finir avec cela ?

Les médicaments n'ont pas eu sur moi l'effet escompté. Je suis devenue étrangère à moi-même, à mes sentiments, aux autres. Je n'avais plus de peine, mais plus de joie non plus. C'était une petite anesthésie douce, tranquille, sournoise. Les médicaments permettaient certes de passer un cap, mais j'étais presque étrangère à ma propre vie. D'autre part, physiquement, les antidépresseurs et les anxiolytiques sont absolument épuisants. Ils me coupent l'appétit, donc ils entraînent une perte de poids importante. Je n'arrivais toujours pas à dormir. Et je me traînais, harassée de fatigue, toute la journée. Je ne pouvais surmonter la tragédie comme cela, cette solution ne me convenait pas.

Comment certains ont-ils osé tenter de prendre nos places en politique alors que nous allions si mal ? Quelques hommes politiques sont quand même peu scrupuleux, mais il est évident que la légitimité maintenant revient à ces personnes qui ont souffert pour leurs administrés. Tout cela était absolument contraire à ma nature profonde. Tout cela m'entretenait dans un gouffre et je n'en voyais pas le fond. Ma culpabilité de survivante était comme une valise énorme qui m'empêchait d'avancer. Je me mettais pour la première fois de ma vie dans des situations dangereuses pour ma santé. J'en étais presque arrivée à être suicidaire inconsciemment car je traînais cette culpabilité d'être survivante comme un boulet. Les questions : pourquoi cela était-il arrivé ? quel sens faut-il que je mette à tout cela ?, etc., demeuraient sans réponse. Je tournais en rond et je n'arrivais pas à trouver un sens à quelque chose qui n'en avait définitivement pas.

Je décidai de voir les choses différemment. Tout d'abord, j'ai arrêté les médicaments qui ne faisaient que me conforter dans un état second et m'empêchaient finalement d'éprouver des choses, des sentiments tout à fait normaux. Comment ne pas ressentir de la tristesse après un deuil ou après une telle agression ?

Je décidai aussi de reprendre contact avec mon corps. Bouger, sentir que j'étais vivante, que je pouvais avoir plaisir à me mouvoir étaient très importants pour moi. Il était fondamental de retrouver une harmonie physique. Je nageais une fois par semaine et prenais véritablement plaisir à évoluer dans l'eau. Cela permet d'abord de vider son cerveau de toute pensée négative mais également de retrouver un contact avec soi-même qui ne passe ni par les médicaments, ni par la parole, ni par la pensée mais juste par son corps.

Je fis un jour la démarche positive de retourner dans la salle du conseil municipal où s'était déroulé le drame. Il est vrai que cette salle a été diabolisée car il s'y est produit un carnage épouvantable. Je me faisais un monde de cette confrontation physique avec ce lieu maudit mais je voulais profondément aller de l'avant et mettre un point final à cette histoire. Je voulais affronter et démonter tout le mythe que j'avais créé autour de cette salle. J'ai demandé à un de mes amis d'être à mes côtés dans cette épreuve. Tout d'abord, je n'ai ressenti ni l'odeur, ni l'atmosphère pesante qui s'y trouvaient pendant cette nuit tragique. Non, ce jour-là tout est sens dessus dessous. On a enlevé, afin qu'on puisse siéger dans la salle des mariages, tous les fauteuils et on les a amassés dans la partie du public où se trouvait Richard Durn. La salle est très en désordre et ce n'est plus la salle solennelle que j'ai connue. J'arrive à me réconcilier avec cette pièce. En effet, en la revoyant je comprends que ce n'est pas le lieu qui est en cause, mais simplement l'homme qui nous a tiré dessus. Cette salle n'y était pour rien. Elle est simplement chargée d'un très mauvais souvenir. D'un autre côté, elle a connu notre passé, des moments de joie, des moments d'ambiance comme on en voit uniquement dans les hémicycles politiques, et je trouve dommage que de tels travaux de rénovation soient prévus. D'autant plus que les sommes considérables attribuées à sa réfection ont été détournées de leur objectif initial, celui d'indemniser de manière plus importante les familles des victimes ou les victimes survivantes. Certains bureaux, complètement détruits par les impacts de balles, auraient pu être tout simplement changés. Les murs repeints, la moquette remplacée, ainsi que les fauteuils dont le cuir a été brûlé par le sang des victimes. Protégés et séparés du public par une vitre « pare-balles », nous aurions certainement pu à nouveau siéger dans de bonnes conditions. Tout cela n'est pas prévu. La pièce va être entièrement rénovée et transformée afin qu'elle devienne méconnaissable. Mais nul d'entre nous n'oubliera ce qui s'y est passé le 27 mars 2002.

Le moment où je suis le plus émue, c'est lorsque je laisse mon ami et le directeur des services se parler et que je me balade au milieu des bureaux. Je revois les noms de chacun, tout est en place. Une histoire est attachée à chaque nom. Je revois la proximité de la porte de sortie juste derrière Louiza et Jacotte et je me dis que c'est trop bête. Je ne sais pas encore que, pour sa famille, la mort de Louiza aura des conséquences encore plus dramatiques que pour celles des autres victimes. Louiza Benakli entretenait une relation avec un député algérien. Celui-ci, homme moyennement scrupuleux, si on peut dire, avait aussi une femme et quatre enfants. Les journaux ont écrit que lorsque Louiza fut assassinée, il n'a plus pu assumer seul sa petite fille les quatre jours qu'il passait dans son autre famille et sa double vie. Il aurait été mis dans l'obligation de tout avouer à la famille de Louiza. Pour celle-ci, ce fut sans doute une nouvelle blessure d'apprendre que leur fille avait été trompée et que finalement leur « gendre » vivait de manière illégitime. Mais ce que ces malheureux n'ont peut-être pas supporté, c'est que cet homme leur annonce peu de temps après qu'il allait emmener la petite en Algérie avec une troisième femme… Se voyant à tout jamais séparée de cette enfant incarnant en quelque sorte leur fille ou leur sœur et sur laquelle ils avaient transféré toute leur affection, certains membres de la famille ont assassiné le « gendre » et tenté de dissimuler le crime. Ils ont porté le corps dans le coffre de sa voiture. Malheureusement pour eux, la police a trouvé l'explication dans la vie dissolue de ce député algérien à la morale douteuse. Dans cette histoire, cet homme est indirectement la neuvième victime de Durn. Quant à la famille, on peut supposer qu'elle n'aurait jamais tué si Louiza ne l'avait pas été elle-même. Je la plains et je la comprends. Elle s'est raccrochée à cette petite fille et a eu si peur qu'on lui enlève le peu qu'il lui restait qu'elle s'est transformée elle aussi en assassin. Dans cette histoire sordide, la plus à plaindre est certainement cette petite fille qui se retrouve orpheline de père et de mère, tous deux disparus dans des conditions tragiques, et séparée définitivement de la famille de sa mère emprisonnée, pour aller vivre dans sa famille paternelle qu'elle ne connaissait pas.

Mais revenons dans la salle du conseil municipal où je vais de place en place portée par mes souvenirs. Je revois ma place, et celle de Michel. J'ai du mal à me dire que c'est vrai. J'ai du mal à admettre qu'il était là, étendu mort à côté de moi. Je me rends compte que Richard Durn me voyait très bien, qu'il voyait sous tous les bureaux et que lorsque j'étais persuadée d'être bien cachée, je ne l'étais pas du tout. Je revois la place d'Olivier et de Monique, mais je ne les revois plus à cet endroit. Je les vois tous les deux par terre, enchevêtrés. Je me dirige vers la place de Pascal. Cette place, ce nom sont encore tellement vivants pour moi que j'ai du mal à l'imaginer devant moi mort. Comme je l'avais vu la nuit du conseil. Pascal si jeune, avec la vie devant lui, tout à construire, si gentil. Impossible de comprendre ! Ce fauteuil plein de sang séché a vu souffrir ou mourir quelqu'un. Ce fauteuil brûlé par l'acidité du sang, c'est celui de mon ami. Je ne suis plus là avec les personnes qui m'accompagnent mais auprès de mes amis morts. Détachée de mon corps moi aussi. Je continue mon périple ; mon ami est très impressionné, lui aussi ressent les choses de manière très forte. Je me dirige vers les places du groupe communiste, Valérie, Christian. Pas de chance, pas d'issue, le destin !

Ce retour aux origines dans cette salle me permet d'en finir avec elle. J'ai donc fait la paix avec elle et je ne la diabolise plus. Ce qui me donne l'occasion par ricochet de faire de même avec la mairie. C'est vrai que lorsque je passe devant cette salle, j'ai toujours une pensée bien sûr, mais je la chasse sachant que, pour l'instant, cela ne peut être qu'un retour en arrière très négatif.

Mais deux choses surtout me sauvent plus encore que tout le reste. Le psychiatre me fait comprendre que je ne peux trouver de sens, de signification à ce qui s'est passé. Il n'y en a pas. Il ne faut plus que je ressasse sans arrêt cela, sinon je vais tomber malade et tourner en rond. Cela n'a pas de sens – c'est un axiome, comme en mathématiques. Par contre, il me fait comprendre que je peux donner un sens à ce qui s'est passé. Tout d'abord, je dois témoigner afin de décrire aux autres le cataclysme qu'un tel drame déchaîne pour une personne. Si de futurs agresseurs arrivent à humaniser leurs futures victimes, peut-être ne passeront-ils plus, ou plus rarement, à l'acte, se souvenant que c'est sur des êtres humains avant tout qu'ils se livrent à des méfaits. Que ces actes de « terrorisme », bien plus que la mort, entraînent également des tragédies qu'on ne peut imaginer. Pour les familles des victimes, c'est une perte considérable dont on ne se remet jamais. Perdre son fils, sa femme, son mari, son père ou sa mère brise une vie à tout jamais. La reconstruction est possible. Mais plus rien n'est comme avant.

Ce n'est pas seulement la vie de la personne décédée qui s'est brutalement interrompue, ce sont les vies de toute la famille qui se disloquent. Sans oublier les personnes qui ont été blessées, qui restent invalides à tout jamais. Sans cesse des douleurs atroces leur rappellent, les ramènent là où elles aimeraient n'avoir jamais été. Comment se remettre, comment oublier ?

Si ce témoignage peut être utile aux futures victimes afin qu'elles sachent qu'elles ne sont pas seules, que d'autres sont passées par là et qu'il y a un moyen de s'en sortir, cela sera déjà beaucoup.

Et puisque je fais de la politique, je dois aussi essayer à travers mon activité quotidienne d'aider les personnes, qui comme moi, souffrent, ont souffert ou souffriront. Il n'y a pas plus beau sens à mes yeux que cela. Ma vie prend une autre dimension. On dit souvent que recevoir un cadeau c'est bien, mais que donner c'est mieux. Donner aux autres, donner mon expérience, témoigner et surtout aider sont pour moi les meilleurs antidépresseurs qui puissent exister. Ma vie prend un sens bien plus intéressant, percutant, que si je me limitais au strict nécessaire. Ce drame, il faut que je le transforme au profit des autres, que je leur fasse don de mon expérience pour les aider eux aussi à surmonter leurs traumatismes, la violence ou l'agression dont ils ont été victimes.

Cette action, je la menais déjà un petit peu au quotidien. Je m'étais investie dans des associations à but humanitaire, mais surtout en faveur de l'enfance maltraitée et du sida. Cependant, je me rends compte que trop souvent pour les médias, ce n'est plus la victime qui est placée au centre des débats mais l'agresseur. La victime est moins intéressante aux yeux de beaucoup et je ne comprends d'ailleurs pas pourquoi. C'est si facile de médiatiser un monstre, un assassin qui finalement excite inconsciemment peut-être ce que l'homme a de plus pervers dans son subconscient. Mais la victime ? Qui intéresse-t-elle ? Elle est morte, blessée, traumatisée. Il lui est arrivé quelque chose d'exceptionnel, d'inattendu, mais va-t-on vraiment prendre soin d'elle ? Combien de personnes anonymes victimes d'agression ne sont pas, par manque de moyens financiers, de connaissance ou tout simplement par honte, soignées décemment ?

On s'intéresse beaucoup à la personnalité du tueur, de l'agresseur, du violeur mais on parle peu, en définitive, des conséquences de l'acte. Les victimes, les personnes décédées ont eu leur vie fauchée en plein élan. On leur a volé leur existence, elles sont mortes, et mis à part ceux qui restent et qui leur étaient proches, il n'y a plus grand monde pour les défendre.

Pour les familles, les survivants, les amis, le manque que cela provoque, l'amputation qu'on leur inflige, est irréparable. Les conséquences sur leur vie privée, sur leur équilibre sexuel, sur leurs enfants, sur leur carrière professionnelle sont souvent omises volontairement ou parce que c'est plus facile de rester ignorant et moins culpabilisant pour la société. Mais ces victimes souffrent, et il est de notre devoir d'être là pour les entourer et atténuer leur peine. Elles ont besoin de reconnaissance, besoin d'être comprises, protégées, aimées, cajolées, en un mot de ne plus être seules. Souvent elles sont déçues par la justice qui, à leurs yeux, n'est pas assez sévère pour leurs agresseurs. La spoliation a tellement été importante qu'il est difficile pour quiconque, même pour des juges, de pouvoir en infligeant une peine soulager ou compenser un vide qui ne se quantifie pas. Qui détient la vérité sur ces peines, d'ailleurs ?

Le public l'a vu récemment avec Patrick Henry et toute la médiatisation qu'il y a eu autour de son histoire. On a mis en valeur cet homme, assassin d'enfant, auparavant voleur, qui pendant vingt-deux ans a été un prisonnier à peu près exemplaire, et qui une fois sorti n'a cessé de se faire médiatiser plutôt que se faire oublier et allant même jusqu'à se livrer au trafic de drogue. Mais qui, réellement, a été oublié dans cette histoire ? De qui n'a-t-on pas parlé ? Moi je pense plutôt à ce petit garçon, à la douleur de la famille lorsqu'elle a su que l'assassin de son fils avait été remis en liberté, pour replonger tout aussi vite dans les méandres de son esprit malade.

Cette destruction de la famille de la victime et ce traumatisme ne peuvent se quantifier. Ce n'est pas le nombres d'années que l'agresseur passera en prison, son suicide éventuel, ou de l'argent qui « compensera » la perte de l'être cher ou le dommage infligé. Tout cela est bien insuffisant et bien en deçà de ce qu'attend la victime.

Elle attend d'être reconnue à part entière et de recevoir un traitement de faveur. Déjà, le premier pas serait une reconnaissance, un soutien moral qui souvent fait défaut de la part de la société, et des individus plus particulièrement. La « gestion » de la Légion d'honneur participait à cette reconnaissance et à ce traitement de faveur.

Pour aider à sensibiliser l'opinion publique sur le statut des victimes, j'ai accepté courant novembre 2002 d'apparaître à « Secrets d'actualité », sur M6. Cette émission fut diffusée à 22 h 30 un dimanche soir du mois de janvier 2003 et rediffusée en août 2003. Mon témoignage bouleversa beaucoup de personnes qui ne s'étaient pas vraiment rendu compte du drame auquel nous avions assisté. J'ai essayé au travers de cette émission de faire comprendre au grand public la place de la victime dans une tuerie. D'autres émissions suivront, j'espère, dans ce sens.

La victime attend aussi que l'action de la justice et des magistrats, qu'elle trouve souvent beaucoup trop laxistes et indulgents envers les criminels, joue un rôle prépondérant.

Une véritable sanction adaptée à la faute commise, mais sans possibilité de diminuer la peine, doit être quantifiée de la manière la plus juste qui soit par le juge et le jury. Mais je crois que ce que la victime attend le plus, ce sont des regrets, des remords de la part de l'agresseur et de véritables excuses, suivis d'un changement profond de cet individu. Au lieu de cela, on assiste plus à une vision tout à fait déformée de la situation. On essaie de trouver des excuses à l'agresseur, c'est tout juste s'il ne devient pas parfois lui-même la victime à la place de la véritable victime.

Tout cela, depuis le drame, je le ressens profondément en moi. Et ce combat, je décide de le faire mien. Je décide que l'expérience que j'ai vécue, je veux la mettre au service des victimes en général. Quel meilleur sens donner à ma vie en remerciement du don de vie que j'ai eu la grâce de recevoir deux fois ?

Maintenant ces actions destinées à aider les autres m'aideront à donner un sens à un non-sens. Une autre vision de la vie s'articule par rapport à ce qui s'est passé. Je prends la vie comme elle vient et avec ce qu'elle me donne. J'essaie de positiver tout, même les éléments négatifs. Tout doit trouver un sens qui, en définitive, m'apportera la sérénité, voire le bonheur. Les ennuis, les personnes désagréables et agressives que malheureusement on est obligé de côtoyer sont balayés. Je n'ai plus de temps à perdre avec ce genre d'individus. Les personnes qui vous font du mal gratuitement, je n'en veux plus, j'ai autre chose à faire de ma vie que d'assumer leur méchanceté. Par contre, je prends un plaisir infini quand une occasion s'offre à moi de découvrir quelque chose de nouveau ou de voir quelque chose de beau. Je n'en crois pas mes yeux, je suis une petite fille qui redécouvre la vie, et qui prend du plaisir à ce renouveau. Être ensemble avec des êtres que j'aime, ou qui sont intelligents, intéressants, m'apporte plus que n'importe quoi. Cette tuerie m'a appris à apprécier la vie, les bonnes choses. La rapidité du rythme dans lequel je vivais auparavant me les avait faites oublier. Bien que j'aie, malheureusement, trop souvent, sans m'en rendre compte, l'habitude de me laisser emporter dans ce tourbillon de stress.

Mais une des choses les plus importantes que j'ai découvertes dans mon processus de résilience, c'est que le bonheur est en nous. Notre bonheur dépend entièrement de nous et de nous seuls. Nous ne devons pas attendre des autres la possibilité de devenir heureux. Nous serions déçus et l'attente pourrait être trop longue. Il faut décider maintenant, immédiatement d'être heureux. Il faut commencer à vivre sa vie dès à présent, il ne faut pas attendre que des événements extérieurs en soient le déclencheur. Chaque occasion d'être heureux doit être saisie sans se projeter dans l'avenir ni regarder vers le passé. Ceux qui nous entourent suivront car on a plus envie de côtoyer des gens qui semblent heureux que continuellement tristes.

Pour être heureux il faut avoir le courage de vouloir l'être, ne pas être passif et empoigner sa vie. Il faut agir dans le sens qui nous semble le bon et savoir apprécier les bons moments. Ne restons jamais passifs à regarder notre existence filer. Sinon le réveil sera brutal ou trop tardif. Si un jour vous souhaitez vous mettre à la peinture, que vous n'en avez jamais eu le temps, mais que cela a toujours été votre souhait le plus cher, que vous avez attendu toute votre vie que votre mari ou votre femme s'y mette avec vous, et bien n'attendez plus, foncez…

Il n'y a pas une journée où je ne pense pas à eux, il n'y a pas une journée où je ne pense pas à toutes ces victimes. Quelquefois, bien sûr, je retombe, quelquefois je suis de nouveau triste, baignée de larmes, je me sens seule, avide du contact avec des personnes qui pourraient m'aider. Je sens au fond de moi que cela n'est pas terminé. Richard Durn n'a pas fini de meurtrir mon cœur et mon cerveau. Mais à ce moment-là, je dépose les armes, je pleure et j'explique qu'il ne faut pas juger mais plutôt comprendre. Et tant pis pour celui qui juge, c'est qu'il n'a rien compris à la vie. Et quand cela ne va vraiment pas, je prends un médicament extrêmement léger pour m'aider à surmonter la mauvaise passe, je m'en remets à lui et me dis que demain cela ira mieux. Je finirai un jour par remporter complètement cette bataille que j'ai engagée et qui me permettra de me retrouver.

Et si, par malheur, j'ai un ennui, un chagrin comme tout un chacun, je lève les yeux vers le ciel et je me dis que j'ai de la chance. Je suis vivante, ils sont là, ils me regardent. Et le minimum que je leur dois, surtout à eux, c'est le devoir d'apprécier ce ciel bleu et de me rejouir d'être tout simplement là. Je suis une survivante, je leur dois d'être heureuse et forte.

Remerciements

Je tiens à remercier tout spécialement Frédéricka Altwegg, ma sœur, qui m'a suggéré d'écrire ce livre ; Dominique Rizet, journaliste du *Figaro Magazine,* qui m'a aidée à pouvoir parler de la tuerie ; Thierry Paillard, le directeur de collection des Presses de la Renaissance qui m'a fait confiance ; maître Laurent-Franck Lienard, mon avocat du barreau de Paris, qui vient régulièrement en aide aux victimes d'infractions ; et Philippe Douste-Blazy, victime lui-même d'une tentative d'assassinat à Lourdes et qui a bien voulu préfacer mon livre. Et plus particulièrement mes enfants et mon mari, qui m'ont soutenue dans ces moments difficiles.

Table

Impression réalisée sur CAMERON par

BUSSIÈRE CAMEDAN IMPRIMERIES

GROUPE CPI

à Saint-Amand-Montrond (Cher)
en février 2004
pour les Éditions Presses de la Renaissance
12, avenue d'Italie
75013 Paris

Composé par Nord Compo
à Villeneuve-d'Ascq

N° d'édition : 941/01. — N° d'impression : 040693/1.
Dépôt légal : février 2004.

Imprimé en France